培养真正的抗挫力

如何教孩子
应对心理挫折？

[瑞士] 法比安·格罗利蒙德（Fabian Grolimund）
[瑞士] 斯蒂芬妮·里茨勒（Stefanie Rietzler）　　著

祖静　译

机械工业出版社
CHINA MACHINE PRESS

北京市版权局著作权合同登记图字：01-2020-4856 号。

图书在版编目（CIP）数据

培养真正的抗挫力：如何教孩子应对心理挫折？ / （瑞士）法比安·格罗利蒙德（Fabian Grolimund），（瑞士）斯蒂芬妮·里茨勒（Stefanie Rietzler）著；祖静译 . — 北京：机械工业出版社，2022.11（2024.11 重印）
ISBN 978-7-111-72283-0

Ⅰ．①培… Ⅱ．①法… ②斯… ③祖… Ⅲ．①挫折教育 – 少儿读物 Ⅳ．①G44–49

中国版本图书馆CIP数据核字（2022）第252924号

机械工业出版社（北京市百万庄大街22号 邮政编码100037）
策划编辑：刘文蕾　　　　　　责任编辑：刘文蕾
责任校对：龚思文 李 婷　　　封面设计：吕凤英
责任印制：单爱军
保定市中画美凯印刷有限公司印刷

2024年11月第1版第4次印刷
145mm×210mm·9.25印张·201千字
标准书号：ISBN 978-7-111-72283-0
定价：59.80元

电话服务　　　　　　　　　　网络服务
客服电话：010-88361066　　　机 工 官 网：www.cmpbook.com
　　　　　010-88379833　　　机 工 官 博：weibo.com/cmp1952
　　　　　010-68326294　　　金 书 网：www.golden-book.com
封底无防伪标均为盗版　　　机工教育服务网：www.cmpedu.com

中文版序言

亲爱的父母们：

全世界的父母都有一个共同的愿望，那就是希望自己的孩子幸福。我们希望孩子能够勇敢地面对生活，知道如何处理失败、困难和挫折；我们希望孩子既能够了解并善用自己的长处，又能够接受自己的短处；我们希望孩子在家里能够拥有充分的安全感；我们希望孩子能够把与他人建立关系看作是美好的、能赋予自己勇气的过程；我们希望孩子能够交到朋友，学会处理各种各样的矛盾……

在这条路上，本书将陪伴您和您的家人。

我们是法比安·格罗利蒙德和斯蒂芬妮·里茨勒，是居住在瑞士的心理学家。我们的主要工作是为不同的家庭提供咨询，并为学校和教师提供相关的培训。在这个过程中我们发现，困扰家长的各种问题往往非常类似。因此，我们想通过这本书介绍一些实用的方法，告诉大家如何在生活中让孩子变得内心强大，如何应对育儿过程中的各类挑战。

我们从未想过，有一天我们的书会被翻译成中文，被中国父母捧在手中阅读。我们也一直在想象，距离我们一万公里之外，在另一片土地上，在另一种文化中，读者会如何阅读和使用这本书。

我们希望，这本书中所描述的想法和方法能丰富您的家庭生活，提升您作为母亲或父亲的能力。我们希望，通过这本书，能够让您和孩子之间的关系变得更加亲密，就如同瑞士、奥地利和德国的众多读者一样。

一位母亲写信给我们：

对我来说，这本书是真正了解孩子的一本书。在阅读的时候，我看待孩子的目光已经变得"柔软"起来了，我们也开始打开心扉，倾听和交流彼此的想法。

书里提供了这些建议：

－给予孩子个性发展充分的空间；

－不要试图在各个方面操纵孩子；

－不要让孩子屈服或顺从。

它们都很容易被应用到实践中去，并教会我们如何对孩子产生共情。这本书非常真诚，作者在里面也分享了很多个人的经历。对那些寻求教育优化措施的父母和老师来说，这本书具有积极的建设性和可行性，易于理解且充满了可参考性。在这本书中，父母可以找到自己所需要的信息——可能比自己需要的更多！

本书中的所有文章都是基于家长向我们提出的问题。虽然关注点有所不同，但都旨在给孩子们一个快乐的童年，希望能

够陪伴他们进入充实的成年生活。

　　亲爱的读者，无论是本书提到的一些科学研究背景让您对亲子教育获得了更加深入的理解，还是从其他家庭的例子中，您受到了一定的启发，抑或是我们的观点引发了您的思考，我们都希望您能从本书中找到一些问题的答案。

　　请不要把这本书看成是必须和孩子一起完成的计划，或者把它看作"正确养育"的指南。我们更希望，您能从中收获新的想法和见解，然后找到您个人的养育方式，以营造一个充满更多快乐、宁静和轻松的家庭氛围。

　　我们真诚地祝您阅读愉快！

法比安·格罗利蒙德、斯蒂芬妮·里茨勒

前　言

让孩子真正变强大

当我们谈及如何使孩子变得强大时，总是会出现一些相似的概念。许多父母告诉我们，他们希望帮助孩子获得更多的自信心或提升他们的自我价值感。由于我们在本书中会反复提到这些术语，因此我们想先简单解释一下它们之间的区别。

自信：我可以做什么

我们所说的自信是指对自己能力的评估。这个概念可以追溯到心理学家威廉·詹姆斯，他早在1890年就建立了一个公式：

$$自信 = \frac{成就}{要求}$$

根据这个公式，自信和成就成正比，当我们取得一些成就时，自信心就会随之增长。但是只有当我们自己认定这些成绩是"成就"时，结果才成立。如果要求过高，就会存在一定的风险，即只有取得出类拔萃的成就时，人们才认为自己足够好。因此，哪怕得到了很多积极的反馈、良好的成绩和成果，完美主义者对自己的能力还是感到不自信，他们总是感到害怕，认为自己不够好。

可以通过一个人的态度来识别他是否为一个具有高度自信的人——也就是心理学家所说的自我效能感强的人，"如果下定决心做某件事，我就一定会实现它。这一路上可能会存在阻碍、挫折和失败，但我可以应对"。

自信是很宝贵的，因为它能帮助我们应对生活中的挑战。因此，本书有几部分内容就是在讨论孩子如何获得自信的问题。

总之，如果让您的孩子在日常生活中反复体验以下感受，他的自信心就会越来越强：

- 我有优点和才能，可以做一些事情。
- 我可以应对失败和挫折。当我做出努力并进行练习时，就会取得进步。
- 我可以直面我的恐惧并克服它们。
- 我有影响力：其他人会接纳我的想法，并从中得到启发。

内心强大的孩子不仅拥有健康的自信心，还有良好的自我价值感。

自我价值感：作为人，我是有价值的

社会学家莫里斯·罗森伯格在1965年将"自我价值感"定义为一种我们面对自己的态度或心态。根据他的定义，一个拥有高度自我价值感的人认为自己"足够好"，作为人是有价值的，可以接受自己积极和消极的一面——不会因此骄傲或沮丧。因此，自我价值感并不侧重于能力，而是侧重于对自己个性的接受。自我价值感强的孩子喜欢自己，并能以爱的方式对待自己。

为了培养这种态度，我们可以借鉴那些给予我们爱的感觉的那些人的经验。如果您的孩子经常有以下体验，那么他的自我价值感就会得到加强：

- 我有愿意听我说话的父母，他们能够为我花费时间，理解我的想法。
- 我有喜欢我的朋友，他们能接受我本身的样子。
- 我有一个对我感兴趣并认真对待我的老师。
- 我觉得我是家庭的一员，并受到家人的欢迎。
- 我的父母在我跌倒时会扶住我。当我能力不足或没有达到他们的期望时，他们也喜欢我。
- 我周围的人能认识到我的优点，看到我积极和可爱的方面，同时也能指出我的弱点。

自我价值感是由除自信之外的其他来源提供的。当我们体会到自己是集体的一部分，这个集体能够接受、理解、尊重我们，并能让我们拥有安全感时，我们才会产生高度的自我价值感。那些成绩差的孩子经常需要增强自我价值感。

我（法比安）小时候发育比较晚，很长时间才学会说话，因为不满足上小学的条件，多上了一年幼儿园。为了克服我的语言障碍和僵硬的步态，我小时候还借助了言语疗法和活动疗法。但是，我弟弟学得就很快，他很快就赶上了我——尽管我俩年龄相差两岁半。

许多父母都知道这种情况，这往往会导致嫉妒和兄弟姐妹之间的竞争。一些家长的反应是试图提升"弱者"的自信。当孩子自我贬低时，父母给他一个拥抱，并对他说："你可以做得更好……"他们拼命地给孩子列出他的优点，希望这能让孩子感觉好一些。但根据我们的经验，这很少奏效，原因是它强化了孩子们竞争的想法。孩子们感受到的重点是：要比别人更好、更有能力。

"天资较差"的孩子这时候就开始思考，并很快意识到：我可能在一两个方面比较强，但我的兄弟姐妹几乎在所有方面都比我强。

很快，每当弟弟或妹妹取得成功或受到父母表扬时，嫉妒心就会爆发。在这种情况下，弱势孩子经常会为了保护自己而采取最后的手段：贬低自己的兄弟姐妹，以彰显自己的价值。但这种行为不受父母喜欢，导致孩子受到更严厉的批评，并陷入更深的自我怀疑。

当时，我（法比安）的父母没有重视我的自信心，而是关注了我的自我价值感。他们跟我说，我的小弟弟看到我时非常高兴，他从我身上学到了很多东西，他非常喜欢我，他很需要我，对他来说，有一个大哥哥非常重要。

重要的不是我们作为个人，而是我们同其他人的关系，是我们为彼此之间美好关系所做的贡献。当我的弟弟又成功地完成一些令人惊讶的事情时，我就会跑到父母面前，骄傲地喊道："快过来，看我们的小尤纳斯又会什么啦！"

当我们能够接纳自己时，当我们即便有缺点也能感觉良好时，当我们知道在一个集体中的地位不是非得通过成就来获得时，就会发生一些不可思议的事情：我们不必一直绞尽脑汁去想自己表现得怎么样，排第几名。我们可以参与到其他人中，同他们合作，与他们一起，为他们的成就感到高兴。

内心的强大不仅意味着相信自己、认为自己是有价值的，还意味着了解自己和自己的需求，并找到一种建设性的方式来处理不愉快的情绪。

自我感知和自我控制：我内心发生了什么，我该怎么办

我意识到自己的想法和感受了吗？我会表达和反映它们吗？适应力强的儿童和青少年都有一种良好的自我感知能力，他们不仅仅知道自己感觉不好，还能够分辨自己是伤心、愤怒、失望，还是仅仅心情不好。这样他们不仅能够更好地认识自己，调节自己的情绪，还能够更好地"读懂"别人的感觉和情绪，并能以此做出反应。

这意味着，他们不受制于自己的情绪，而是知道如何掌控

自己的情绪。比如尽管他们满心怒火，但仍不会对另一个孩子大打出手。他们能够克服恐惧，即使不喜欢也能坚持完成任务，或者让自己平静下来。当孩子周围是下面提到的这些成年人时，他更容易获得这些能力。这些成年人：

- 可以谈论他们自己的感受。
- 可以帮孩子表达自己的感受。
- 能够忍耐孩子和自己的不愉悦情绪，并能有效处理这些情绪，给孩子做出榜样。

实现真正的自信和自我价值感没有捷径

"我怎样才能让我的孩子拥有更强大的自信心？"我们一次又一次地被问到这个问题。有些人认为，可以采取用勺子喂养般的方式给孩子内心注入力量。很多育儿书籍或言论的出现也助长了这种想法。

在网上或书店里搜索一下，马上就会找到一些书籍或光盘，它们提出了一系列积极的建议："我很受欢迎、我很强大、我充满自信……"美国的育儿指南建议，要教孩子拥有一种心态：只要足够相信自己，就能做好一切。相应地，它也对父母提出了建议，要不吝赞扬，以消除孩子的自我怀疑。

但同时一些研究者已经证明了，这种策略没有用处：使用这些方法会让孩子更加茫然，再也不愿参与困难的任务。有些孩子出现了自恋的特点：他们自吹自擂，永远想处于焦点，期盼得到他人的称赞，当面对批评或不被关注时，表现得极度受伤或充满攻击性。父母想通过过度的夸赞使孩子变得强大，这种好意会让孩子产生错误的想法。他们认为，只有特别的才是可爱的，之后他们必须不断地向自己和他人证明自己很特别。

作为父母，我们要帮助孩子形成健康的自信心和自我价值感。也就是说，并不是越自信就越好。拥有一个正面且真实的自我认知对孩子才有所帮助。我们的目标是，孩子能够喜欢自己、相信自己，但也能看到并接受自己的缺点。他们不需要颂歌，需要的是友好而准确的反馈，需要的是那些能接受他们本来样子的人。

科瑞娜·伍斯特曼在她的《复原力》一书中准确地总结了那些拥有真正自信和自我价值感的表现。我们在此将这些观点稍加修改呈现给大家。

一个强大的孩子能够对自己说下面这些话：

我可以：
- 为成功感到喜悦。
- 从失败和错误中学习。
- 通过努力和练习让自己变得更好。
- 解决问题、克服困难。
- 在烦恼时与他人谈心。
- 在需要时寻求帮助和支持。

我：
- 作为人值得被爱。

- 为自己的行为负责。
- 相信自己可以应对挑战、处理不悦的情绪。
- 认识到一个人的价值不只取决于他的成绩。

我有：
- 愿意倾听我、为我花费时间，但也有自己立场的父母。
- 在我生命中接受并喜爱我本来样子的人。
- 当我需要就帮助我，同时也支持我自主行事的那些人。
- 对我来说很重要的价值观，我能够并且愿意坚持这些价值观。

目　录

第 1 章
如何应对孩子内心的挫败感？

第 2 章
如何交朋友，孩子成长的必修课

第 3 章
校园霸凌，亟待重视的系统问题

第 4 章
让孩子内心强大，父母自身怎么做？

第 5 章
提升孩子自我价值感和心理免疫力的方法

第 1 章

如何应对
孩子内心的
挫败感?

"我做不到！"
当孩子太早放弃时怎么办？

如果您的孩子遇到困难，比如面对一项很难的任务时，他是什么态度？立马放弃还是继续练习？

有些孩子想从一开始就掌控所有的事情，一旦遇到不确定因素，马上放弃。但有些孩子知道，在学习过程中，他们可以犯错，"柳暗花明又一村"有时候是需要时间的，这也是很正常的事情。

心理学教授卡罗尔·德韦克（2007）研究证实，儿童对成绩的态度，取决于他们有怎样的自我认知。她区分了两种模式：动态自我认知和静态自我认知。

持动态自我认知的人拥有成长型思维。面对挑战，他们的态度是：

- 现在做不好的事情，以后也许能做好，重要的是我要努力，以找到更好的方法。

- 这个我目前还不会。

- 这个很难，但是我可以给自己时间，我可以按照自己的节奏慢慢学习。

- 能力和知识是通过坚持和练习获得的。

持静态自我认知的人则完全不同。他们坚信，个体的优势和劣势是天生注定的。他们相信天才和天赋，相信智商和基因，并固守这种信念。

从下面这些话里我们可以看出这类人的特点：

- 我就是这样。
- 我会这个，我不会那个。
- 做这件事我太笨了/太没有天赋了。
- 我永远都不会学这个。
- 要么得到它，要么没有。
- 我必须马上学会所有东西。
- 我完成不了，那就说明我不适合这项任务，学习/练习有什么用？

大量的研究都能证明，如果孩子相信不断练习能让自己变得更好，那么他就能很好地应对困难和失败。这也表明，动态自我认知是有帮助的。相反，如果孩子们认为成绩依赖于智商或天赋的话，他们很快就会放弃。某些称赞也会促成这种想法的产生，如果成人对孩子说"你很聪明"，那么接下来，在遇到困难时，孩子就更容易放弃、撒谎、掩饰错误。

为什么？对于静态自我认知的人来说，学习中的这些障碍会成为一种威胁，最后可能会让他们认为自己的智商或天赋不够。一次失败就会被看作是一个证据，证明他"太笨了"，因此也就不值得再进行第二次尝试了。

因此我们应该避免这样表扬孩子："你在××方面太有天赋了"或"你太聪明了"。

相反，我们可以努力引导孩子们学会动态自我认知，告诉他们，能力是可以培养的，坚持不懈是有好处的。在这个过程中，孩子遇到的困境是特别重要的。让我们来看看有哪些不同的方法能激发孩子的毅力吧。

把任务描述得困难一些

当孩子为一道数学题或一首新曲子绞尽脑汁的时候，经常会说："我不会！"很快我们大人就会过来对孩子们说，这项任务是可以完成的。

- "快来，这没那么难，你一定可以完成的！"
- "你只需要……！"
- "这其实很简单，你只需要再试一次！"

但是只有孩子相信这些话，并充满干劲地去做，最后自己发现这项任务确实很简单，只要一行动就能完成的时候，才会觉得这些话有用。否则这些话就只会让孩子觉得这项任务对他的自尊心构成了威胁。

请您想象一下，您刚换了新工作，在完成某项任务时遇到了困难——比如需要学习新的计算机程序。这时您的同事们说："哎呀没事儿，这个很简单的！"您会怎么想？

您很有可能会想："要是他们所有人都觉得这个很简单，但我却不会，那很可能是因为我太笨了！"

与困难的任务相比，完成不了一项看起来简单的任务让人感觉更糟糕。如果您的同事拍着您的肩膀说："是啊……我当时熟悉业务的时候也花了好长时间。你只管做，要是有问题的话就跟我说，慢慢熟悉了，就会越来越简单……"这样您可能会感觉更加从容，也更有动力和信心。

如果您的孩子对一项任务丧失信心，首先要做的是接纳他的感受——"这个任务现在对你来说就像一座大山"或"这确实很棘手"。如果孩子同意的话，那就可以重新回到这个任务本身："来，现在我们安静地再读一遍题，想一想，它到底在说什么……我们怎么才能解决它呢？""你现在对这道题是怎么理解的？"我们可以让他了解自己目前的进度，然后帮助他制定目标和计划。如果我们能让孩子明白很多事情都需要练习，那就会很有帮助："我小时候也需要很长时间来学会新东西，这要求我们有所坚持，但是我相信你拥有这种毅力。"

这样做还有一个好处，当孩子能够完成一项困难的任务时，会有一种成就感和自豪感。如果把这项任务说成是简单的任务，那孩子们就不会有这种感觉。

当孩子克服了困难，要对他表示肯定

完成困难的任务，并继续进行下一项任务，孩子需要的是信心、耐心和抗挫折能力。

一个孩子越觉得自己能够掌握而且必须马上掌握所有的内容，就越难以应对失败和那些要求高的任务。

我们可以鼓励孩子们遇到困难要坚持，不断鼓励他们，同时为他们的坚持和执着感到高兴。我们可以对他们说：

- "嘿，现在你已经坚持很长时间啦！"
- "好吧，这真的不简单……我们需要全力以赴！"
- "现在你已经明白啦！有时我们需要尝试两次、三次，但是当最后我们终于完成的时候，感觉多美妙啊！"
- "我知道，上次你没有成功。现在我们需要一点勇气，再来一次。你愿意再尝试一下吗？"
- "现在听起来流利很多了！每一次你都能说得更流畅一些。"

通常当孩子表现"好"，或者"正确"地完成了一项任务时，就会得到赞赏。但如果我们想提高孩子的抗挫折能力，就得转移一下注意力，更多地关注孩子的学习态度。

如果父母能够看到孩子的进步（哪怕很小），为孩子的进步感到高兴，并且让孩子明白，人的能力是可以随着时间的推移而不断提高的，自己的努力是注定会得到回报的，那么孩子就会从父母身上获益。

特别是对于一个成绩差或学习困难的孩子来说，做出努力、愿意学习一门很难的科目、正视自己的缺点、失败后重新参与学习，需要动力、努力和改变自己固有习惯的意愿。如果这个孩子的父母或老师能够看到并重视他的努力，那么他就会更容易做到这些。

帮助您的孩子意识到他的解决策略

如果您的孩子再次尝试做那道数学题、拼那个棘手的拼图或者练习那首复杂的曲子，并取得了小小的成功时，您可以同他一起欢呼，并向他提出一个简单的问题："你是怎么成功的？你是怎么做到的？"

这样孩子就会开始有意识地思考他的策略：

- "呃……我先找到了角，然后把各个边连到一起，接下来就简单多了。"
- "嗯……这个曲子里有个地方我总是弹错。刚才我就单独把这个地方练习了好几遍。"
- "我休息了一小会儿才继续，然后不知道怎么回事儿，就成功了。"

通过帮助孩子思考他正在做的事情，可以提高他应对未来挑战的能力。他会意识到，自己的成功和进步不是偶然的，而是通过自身的努力获得的。

通过这种方式，您就可以帮助孩子武装自己，提升他对自身能力的自信："噢，要是我以后再遇见困难的任务，就可以尝试方法X或Y。如果这些都不管用，那我就试试方法Z。"

为孩子树立榜样

我们可以从自身做起，为孩子树立榜样，以帮助他们更加有毅力。在日常生活中，如果孩子总能看到自己的父母并不是事事顺心，对他们也是有帮助的。当父母即使遇到困难也能保持耐心和坚定，并对自己说："好吧，淡定淡定……肯定哪里出错了……再仔细看一遍说明书吧。"那么在一旁观察的孩子就会意识到，有时候为了解决问题必须要有一点耐心。如果我们可以跟孩子聊聊自己曾经遇到的困难，讲讲自己是如何毫不畏惧地克服这些困难的，会非常有帮助。菲瑞和潘纳研究小组（1990）也表明，与一个正面榜样进行哪怕很短的交流都会产生斐然的效果。他们给心理学专业的学生放映一位教授的视频。在视频里，这位教授讲述了他的求学生涯，提到了一件他曾屡做屡败的事情，多亏有一位朋友安慰、鼓励他，他才没有放弃。之后，他成功地完成了学业。在视频里他强调，成绩首先取决于个人努力，能力可以通过不断的练习来提升。结果在学期末，跟其他同学相比，看过这个视频的学生取得了更好的成绩。

在您的学习或职业生涯中，有没有失败后不得不重新振作的时刻？有哪些情节您可以与孩子分享呢？

智力、天赋、长处和短处

告诉孩子，"坚持会有所回报"这种信念是有用的，但也有其局限性。

我们知道，每个人都有各种各样的优点和缺点、天赋和兴趣。

如果我们幻想，这些既有的事情完全不重要，只要我们足够努力，足够坚定，所有事情都是可以实现的，就会很危险，因为这是在过分要求我们自己和我们的孩子。特别是学习困难的学生，他们一直以来都知道，自己付出了极大的努力，但这种坚持并不能在成绩中得到反映。因此我们需要：

- 尊重孩子的付出。
- 关注孩子小小的进步。
- 看到孩子的失望，并为他提供帮助。

同时也要接受，即便付出巨大的努力，孩子可能在某些方面还是有所欠缺。

鼓励孩子坚持的小建议

如果我们能做到以下几点，孩子更能坚持不懈：

- 更珍视孩子的坚持和耐心，而不是天赋和天资。
- 给孩子做出榜样，告诉他们：能力可以通过练习来培养，困难属于学习过程中的一部分。
- 把某项任务描述为困难的任务。
- 鼓励孩子再进行一次尝试。
- 用问题来激发孩子自己寻找解决方案（"你可以怎么做？"），并让他意识到自己的解决方法（"你是怎么做到的？"）。

- 向孩子表达自己的想法，希望他能付出努力，但不要提超出他能力范围的要求。

"我害怕"，
如何与孩子谈论恐惧？

"天啊妮可，你不会每次被邀请参加生日聚会就肚子疼或头疼吧？"害羞和焦虑的孩子常常感到自己被成年人逼到了墙角。我们忙于劝说他们摆脱不安全感，给他们灌输额外的自信，而忘记了"倾听"这件事。因此，孩子也几乎无法倾听自己的心声，说出真正困扰他们的事情：

妈妈："……现在说说发生了什么事！"

妮可："我不想去那里。"

妈妈："为什么不呢？我相信去了会很好！"

妮可："如果他们不希望我去那里，我该怎么办？"

妈妈："如果芬恩不喜欢你，他就不会邀请你。"

妮可："整个班级都被邀请了……"

妈妈："那么艾玛和玛希德也会在那里，你和他们玩儿得很好。你不能总是躲在自己的壳里。"

随着时间的推移，像妮可这样的孩子会变得沉默寡言，越来越少地谈论他们的感受。他们形成了这样的观念——他们的父母反正也不理解他们。在这种时刻，如果我们把自己看作是研究者或发现者，与孩子一起探索他们的情感世界，是很有帮助的。在这个过程中，我们可能会在一些地方卡壳，看到一些不愉快的事情。恰恰是因为这样，我们想提建议去"扭转"这件事情的愿望就会更加强烈。如果我们能抑制住这种冲动，继续敞开心扉倾听，我们会学到更多的东西。

　　妮可："如果他们根本不希望我去那里，我该怎么办？"

　　妈妈："呃……你觉得芬恩为什么邀请了你？"

　　妮可："所有人都去给他过生日！他的妈妈一定说了，他必须邀请全班所有的人。"

　　妈妈："艾玛和玛希德也会去吗？"

　　妮可："是的……"

　　妈妈："尽管如此，你还是害怕最后自己会落单？"

　　妮可："艾玛和玛希德上学跟我一路，但是你知道的，在学校的时候，我其实没有什么融入感，她们两个人会跟杰西卡和斯维特拉娜一起玩儿。"

　　我们成年人总会不停地设想孩子的世界，大多数时候还会觉得自己非常了解他们。所以妮可的妈妈才会认为，自己的女儿在班里融入得很好，艾玛和玛希德是女儿可以信赖的朋友。只有当她认真聆听女儿的倾诉，并认为"如果没有充分的理由，我的孩子不会说自己肚子疼"的时候，她才能意识到，孩子在学校里是孤单的。在寻找解决方法的时候，我们也要仔细观察孩子，如果出现紧张焦虑的信号时，要更加认真、谨慎地询问：

> 妈妈："嗯……你不用必须去那里。但是也许去那儿会更好一些，你可以更好地认识其他人。要做些什么才能让你觉得去那里轻松一些呢？"
>
> 妮可："我不知道。"
>
> 妈妈："也许你可以跟芬恩的妈妈说一声，如果你想回家的话，我会马上去接你。"
>
> 妮可："是的……"
>
> 妈妈："这还不能说服你，是吗？"
>
> 妮可："要是他们跟班里其他同学说我，那就超级尴尬了。"
>
> 妈妈："那要不你把爸爸的手机带着？然后你溜进卫生间，给我发个短信，我就立马去接你？"
>
> 妮可："这样我觉得挺好。"

恐惧不是件理性的事情

有时我们会错误地认为，可以用充分的论据来消除别人的恐惧。然而，这只会导致一个结果，孩子不再跟我们谈论他的恐惧。许多恐惧是非理性的，但也因此更加真实。我们可以给害怕蜘蛛的人一大堆证据，证明这些爬虫无法对我们造成威胁。他也许会对你说的所有事情表示赞同，但他还是很害怕。因此，有一个问题我们是不应该问的："为什么这让你感到害怕？"儿童（也包括成人）在这个问题上会很难解释。那么，我们可以换一个更好的问题："到底会发生什么事情，让你害怕呢？"

7岁的尤纳斯被朋友和朋友的父母邀请去水上公园。在去的前两周，他就已经开始睡不着了。通过这个问题，他的爸爸成功地了解到了孩子所害怕的东西：

爸爸："这次去水上乐园玩儿，你很害怕是吗？"

尤纳斯："……"

爸爸："当我们不了解某个事情的时候，就会感到害怕。你觉得，可能会发生什么事情呢？"

尤纳斯："马拉说，有一次，有个人在滑道上飞了出去……"

爸爸："我不知道这个故事是不是真的。但这确实会让人担心。关于这个水上乐园，你还听说了什么？"

尤纳斯："那里有一个会产生巨大波浪的游泳池！"

爸爸："哦，波浪游泳池……你觉得它很吓人？"

尤纳斯："是的！如果波浪冲到我的头上，我被淹到水里怎么办？"

爸爸："你看这样行吗？这个周末我们就去那里，就我们两个人，我们只在旁边安静地观察一下。如果它还是让你感到害怕，我们就走，然后我们找个理由不去了。这样你同意吗？"

最终，尤纳斯准备探索一下波浪游泳池。爸爸和他一起在波浪游泳池边坐下。在那里，尤纳斯很快发现，"游泳时头是在波浪上面的"。当他看到比他小的孩子也在开心地玩滑梯的时候，他也想尝试一下。在观察的时候，爸爸说："啊哈！看到没？要想慢慢滑下来，你必须坐直，要想滑得非常快，你可以躺着。"这也打消了尤纳斯的一丝恐惧。他刚开始滑时选择了保险的方式，接下来的每一次都变得越来越勇敢。

谈论恐惧的一些建议

- 当孩子害怕的时候，不要问"为什么"。他们会感到有压力，觉得必须得为自己的恐惧解释或辩护。
- 如果询问孩子："可能会发生什么？"同时拿出愿意倾听的态度，可以帮助孩子更详细地描述他们的恐惧。
- 如果询问孩子："什么可以帮到你？"那么，就能鼓励孩子积极地处理发生的事情。比起给孩子列出充分的论据让他不必害怕，愿意陪伴孩子并给予他支持，会更加有效。

"我可以和你们一起睡吗？"
处理独自睡觉的恐惧

"爸爸！我有点害怕，想来你这儿睡！"我（法比安）三岁的女儿正在经历"房间里有怪物"的阶段。在凌晨1点到3点之间的某个时间，她就会醒来，爬到我床上。可能很多父母都熟悉这种情况，但是如果孩子一直不想分床睡，应该怎么办呢？

这个问题的答案应该是很个人化的，因为要尽可能考虑到全家所有人的需求。不过我们首先要确定的是，"每个孩子都要有自己的房间和自己的床"是个相对较新的事物。我们的祖先肯定不会给自己的孩子安排一个单独的洞穴，而直到几十年之前，那时房子还很小，子女却很多，通常也是好几个人睡一张床，或者至少在一个房间里睡。

对于很多孩子来说，父母的床就是一个庇护所——可以提供安全感和亲密感。特别是在夜里，当孩子想象着屋外到处都是大灰狼、强盗、幽灵和怪兽的时候，这个庇护所尤其重要。如今，这种保护是由可上锁的门、带双层玻璃的窗户，甚至可能是报警系统提供的，但这对儿童来说只是一个小小的安慰。

很多成年人也不喜欢独自睡觉

即便对于大孩子来说，夜晚仍然是让人焦虑的。同女朋友的争吵、对即将到来的考试的害怕：一旦黑夜到来，自己一个人愁绪万千，所有的事情都席卷而来。有时是因为一些特别的事情、特别的阶段或想法，已经独自睡觉很长时间的孩子突然又跑到父母床上了："妈妈，你还会活很长一段时间，是吧？"甚至很多成年人也不得不承认：如果伴侣有好多天不在家的话，自己也很难入睡。

当涉及比如睡觉这样的话题时，父母经常会问，什么才是正常的，比如，从什么时候开始，孩子应该睡整觉呢？孩子在什么年龄段应该睡多长时间呢？孩子到几岁还能跟父母一起睡呢？

需求的冲突

这些问题没有具体的答案——尽管专家们一直在宣传不同的睡眠标准，但孩子和孩子是不一样的。有些孩子两个月就可以睡整觉了，有些孩子五岁的时候，一晚上还要醒五次。

如果非要探究自己的孩子应该是什么样的，那么你不会得到什么有远见的答案。顶多，当其他父母告诉你，他们孩子的睡眠是多么顺利时，或者当儿科医生说孩子6个月大就能睡整觉时，你会感到有压力。你越是觉得必须要符合某种规范，压力就越大，越难以入睡。更重要的是要思考，你的孩子是什么样的，你作为父母的需求是什么，以及家里其他人的需求是什么。谈到睡眠问题，父母的需求往往会与孩子的需求发生冲突。父母知道：如果自己睡不好，明天就会很累、很烦躁。

睡吧，孩子，睡吧——无论怎么睡，在哪儿睡

如果夫妻双方意见不一致，情况就更糟糕了。当丈夫要求孩子独立入眠，而妻子更愿意一家人睡在一起时，就会发生这样的情况，反之亦然。

在很多情况下，爸爸会把责任推到妈妈身上。结果是，爸爸通常睡得很沉，甚至听不到孩子的声音。或者当孩子想去父母床上睡时，夫妻会极其不情愿地互相告别，去沙发上睡。

如果父母能够认真考虑以下问题，也许会很有帮助：

- 谁在什么时候承担责任？彼此如何分配责任？
- 谁需要多少睡眠？
- 什么时候我压力过大？我对什么感到生气？
- 我们怎么创造更好的睡眠环境？
- 我们可以并想赋予孩子什么？
- 目前我们必须接受什么？

比如，我（法比安）的妻子和我发觉，在"夜里被叫醒"这个问题上，我们态度不同。我可以马上重新睡着，她却在被叫醒之后就清醒了，难以再次入睡。她的情绪由于疲惫而被压抑，而我只是累了才会发脾气。她习惯早睡早起，而我却喜欢睡懒觉。

"不要你！要妈妈！你快走！"

我们两个做好了分工：我负责晚上照顾孩子，我妻子则在孩子早上醒来的时候换班，让我再睡一会儿。

当然这种分工对孩子不总是适用。当我妻子带他们上床睡觉时，小的孩子夜里总会叫她。如果我进到房间里，孩子就会很生气："不要你！要妈妈！你快走！"这些都是我们俩必须经历的小小挫折时刻："妈妈睡了，我来陪你。"

这种安排不是很理想：白天的时候我通常很累，比以前更容易感冒，但是我从我的夜班里也获得了很多乐趣：当其中一个孩子晚上再次依偎到我身边，心满意足地睡着时，我特别享受。这些正是我后来回想起来会怀念的时刻，觉得它们过去得"太快了"。

让孩子轻松入睡的建议

一盏夜灯，打开的房门，都可以满足孩子想要被保护的需求。我们可以制订一些计划来对付孩子臆想中的窃贼。例如，我（法比安）的儿子发现，我们住在监狱对面，这让他很放心。如果有人闯入，他会立即拿起床边的木剑喊我。在我们一起制服了那些坏蛋之后，我们会把警察叫过来，把他们关押起来。

另外，还有许多优秀的睡前书籍和舒缓的故事，父母可以给孩子读一下。对于较小的孩子来说，绘本是很合适的阅读材料，对于较大的孩子来说，可以阅读例如心理学家乌尔里克·彼得曼《尼莫船长的故事》。

我（斯蒂芬妮）的侄子最近说："曾经在我睡觉前，你总是给我讲那些你自己编的故事。为什么它们那么无聊呢？"

父母不自觉的回应
会放大孩子的恐惧

"快来，它不咬人！你不想摸摸它吗？真的不用害怕！"

大多数孩子在他们的生活中都会经历恐惧。几乎每个人在童年的时候都会害怕黑暗、怪兽或某些动物。作为父母，遇到这种情况时不用那么紧张，可以打开小夜灯，不关卧室门，或者当孩子做了噩梦后，让他去您的床上睡觉。通常这种恐惧突然就会消失，就像它突然到来一样。

但如果某种恐惧困扰孩子、让孩子痛苦的话，就不一样了。如果孩子考试之前经常失眠，或者孩子深受社交恐惧之苦，很难参与到其他孩子中去，又或者他非常害怕某些动物或某些场景，以至于根本不敢出门，这个时候，父母就要做些什么了。

父母在处理孩子的恐惧时，可能是在摸着石头过河，因此可能会无意识地放大孩子的不安全感。这里分享的内容就是想让您对这个问题有所重视。

"你不用害怕这个。"

孩子害怕的时候经常会听到大人说这句话。这句话放大了孩子的恐惧，因为它并不能帮助孩子消除害怕，反而会无限强化他的感受。通常的后果是，孩子的害怕非但没有减少，还会为自己的害怕感到羞耻。

汤姆今年八岁，他的爸爸罗兰德对他说："你知道吗？我小时候也害怕狗。"汤姆马上好奇地竖起耳朵问："那你当时是怎么做的？"

"你一定能做到的！"

父母通常都想让孩子相信，他们的担忧是毫无根据的。特别是害怕考试这件事，我们经常会听到这样的担保："你可以的""你一定能做到的"。这种口号在短时间内也许能够安慰到孩子，但是孩子很快就会产生疑虑："如果没做到呢？"

这种安慰方法，通常会令孩子感觉更加不安心。莎拉即将面对学徒工毕业考试，她跟我们解释说："对于我父母而言，根本就不存在我通不过考试的这种可能！他们总是说，你肯定能过的！如果我考试不顺利，他们肯定会超级失望！"

我们鼓励莎拉跟父母正式地谈一下，如果她没通过考试会发生什么。她可以跟父母坦诚地说明一下，其实就算考试没通过，父母的世界也不会崩塌，对于莎拉自己来说，延期毕业一年也不会是一个悲剧。这样说完，多么让人放松啊！

孩子害怕的时候经常会问自己："如果……会发生什么？"他们会无休止地思考这件事。如果我们能够帮助他们，他们就会发现：首先，事情没有那么糟糕；其次，我们还有方案B！

"因为太害怕，所以没办法专心！"

我们应对恐惧的方式对事情本身的影响比恐惧对事情本身的影响更大。害怕考试之所以会导致成绩差，是因为害怕分散了人们对考试的注意力。演员拉斯和奥利弗的例子就可以证明这一点，拉斯想："如果不紧张的话，我就不能取得这么好的成绩！"当他的心在表演开始前怦怦直跳的时候，他非常开心。这时他有一种感觉，自己全身心都已经准备充分，演出成功得益于自己的"肾上腺素飙升"。奥利弗说："希望我不会紧张！"当他的心开始怦怦跳时，他心里想："哦不！我心跳加速了！现在又开始了！所有人肯定都能看出我有多紧张！我肯定会忘词儿的！"在忧心忡忡中，他更加害怕了，心跳得更快了。他被所有恐惧带来的负面想法分散了注意力，最后真的卡壳了。

如果孩子跟父母讲述自己的恐惧经历时，父母的反应很焦虑，那么可能会强化孩子"对恐惧的害怕"，同时唤醒孩子的这种感觉："如果我害怕了，那我就完了！做什么都没用了！"如果父母可以告诉孩子，紧张是正常的，可以允许并接受这种紧张和害怕的存在，那么孩子就会变得更加坚强。

当孩子处于考试焦虑中时，也许您还可以跟孩子一起思考，鼓励孩子在心里对自己说："我害怕……没关系，现在我再次集中精力到题目上……一个接一个。"或者："当我大脑空白的时候，我就把试卷翻过去，对自己说，刚才只是突然失忆了——这是有可能发生的事情。慢慢地吸气、呼气，再读一遍题。"

可以这样帮助孩子克服恐惧

- 认真对待孩子的感受，同他一起讨论如何处理他的恐惧。
- 告诉孩子，恐惧是生活的一部分，它是可以被克服的。不要夸大恐惧的力量。
- 让孩子明白：尽管感到紧张，但他还是可以做好一次报告、完成一场考试或者参与到其他孩子中去的。

- 向孩子解释，生活中我们总能得到第二次机会，即便出现了这样或那样的"灾难"，我们还是可以拥有一个幸福的人生。

如果孩子有严重的焦虑恐惧症，要寻求帮助

如果您的孩子深受焦虑恐惧症之苦，您应该马上寻求帮助。运用心理疗法可以很好地治疗恐惧，生活质量可以大大提高，所有的付出都是值得的！

孩子害怕新事物？
请给他们一点时间

新的人、新的经历、新的饭菜，所有利安德不认识的人或事物，都会引发这个五岁孩子强烈的抵触心理。他的父母总是思考：怎么处理这种情况？应该对利安德做出要求还是表示宽容？因为这个问题，他们经常陷入争吵。儿子的各种害怕以及妻子的"宽容态度"，让利安德的爸爸感到烦躁，他无法忍受这种过度小心的行为方式。他觉得这样不像男子汉，担心儿子"会不受其他男孩儿欢迎"。利安德总听爸爸说，他不应该"表现成这样"。利安德的妈妈则把他保护起来。她觉得，面对丈夫的要求，孩子必须要进行反抗，因为丈夫"根本不理

解"孩子。

她自己也相当焦虑和谨慎，她能够更好地理解孩子的不安。她确保孩子的生活可以按照熟悉的方式运行，她安排好一切，让利安德尽量少遇到可能会带来压力的事情。她不计划任何郊游，也避免做客。在成长过程中，利安德几乎不跟其他孩子接触，因为如果其他孩子离他太近，"借走了"他的玩具，或者做了一些刺激到他的事情，总会引发争吵。

只有当游乐场里没有太多其他孩子的时候，他们才会去游乐场。当利安德的爸爸对孩子越来越窄的活动半径逐渐感到不安时，他的妈妈却表示很满意。然而，当利安德开始上幼儿园，外部世界对他的要求越来越高时，她的压力增加了。她感到，不得不向越来越多的人解释她孩子的行为。她觉得自己被丈夫抛弃了，丈夫很尴尬，说："你不能要求所有人都小心翼翼地捧着我们的儿子。"对利安德的母亲来说，外部世界成了她的敌人，她必须保护自己的孩子。

父母如何从这种情况中找到出路，帮助孩子呢？在我们的课上，经常会遇到一些父母，他们的孩子非常谨慎，但是他们找到了积极的解决方法。下面这几点做法我们觉得特别有帮助。

慢慢探索新鲜事物

一位妈妈跟我们说，女儿在幼升小的时候遇到了很大的困难："她从第一次放假就开始肚子疼。"妈妈说道。然后我问她，是什么让孩子这么害怕。她说，去学校的路很远，她害怕自己一个人不行。学校的教学楼、老师和班级都是全新的，她不知道怎么来应对这些。于是，在放假的时候，妈妈跟她一起练习走这条路，并和她一起去参观了学校的大楼。

当两个人第二次去的时候，清洁工正在拖地，还让她们看了一下将来她会去的教室。这位妈妈说："我的女儿需要时间，越是能让她平静地观察，越能让她具体地想象将要发生的事情，她就会越快地战胜恐惧感。她必须要知道，她要来这所学校了，会坐在这间教室里，这是即将要发生在她身上的事情。班级露营的时候，我们也是这样做的：我们提前去了营地，看了看那里和周围的环境。"

经过三个月的观察，这个女孩儿开始一起跳舞了

像这个女孩儿或利安德这样的孩子一直都明白，自己的行为和感受给他人造成了烦扰。因此，他们很快就会觉得自己是个失败者。为了让他们拥有安全感和直面困境的勇气，必须让他们体验被理解和被接纳的感受。通过这种方式，他们也可以更好地回味自己的感受。

比如父母可以说："现在你是不是觉得压力太大了？来，我们现在坐到长椅上观察一会儿。"对于谨慎的孩子而言，这种观察的过程很重要，他们想摸索着了解新环境。

如果这个孩子的反应速度不被尊重，可能会产生严重的后果。关于这种情况，我（斯蒂芬妮）想起有个幼儿园的男孩儿，上体育课时，他想先在旁边看一会儿。在第二周的时候，老师说："你要么现在就上课，要么就出去！我不可能给每个

人特权。"之后，孩子特别害怕这位老师，好几周都拒绝上幼儿园。

另一位芭蕾舞老师的处理方式则完全不同。她让一个矜持的女孩儿先观察。这个女孩儿穿着舞蹈衣，站在旁边看了几节课，她非常感兴趣地在那里观察，看舞蹈课上大家会做什么。老师每次都问："你今天想一起跳吗？"三个月后，她突然自己主动加入了队伍，所有人都很惊奇地发现，她已经会跳那支舞蹈了。

摆脱压力，慢步前行

如果孩子能理解自己并接纳自己的感受，他们会更容易地去处理这些感受。父母可以鼓励孩子一点点地去面对这些感受。父母应该告诉这些谨慎的孩子："我知道，你早晚可以做到的。按照你自己的节奏慢慢来，我支持你。"

一位老师兼治疗师说："南斯拉夫战争后，我们学校有很多受到创伤的孩子。有些孩子会躲到桌子下面去。这时我就坐到他们旁边。在那段时间里，我经常在桌子下面上课。首先必须得让这些孩子知道，在学校里他们是安全的。我一再建议他们说'我们也可以坐到椅子上'。不知从什么时候起，他们已经可以这样做了。"

重要的是，我们不要给那些需要时间的孩子简单地贴上标签，让他们觉得自己"反正永远也做不到"。在没有压力的情况下，我们可以继续给他们提要求，并表达出对他们的信心，相信总有一天他们会有足够的勇气来面对新的情况。当这一天到来时，我们可以跟孩子一起欢呼，他的活动范围又变大了。

帮助孩子勇于探索的小建议

如果家长和老师像下面这样做，害怕新环境的孩子将会十分受益：

- 帮助孩子理解自己的感受。
- 理解孩子需要更多的时间。
- 不断表达自己的信心，相信孩子总有一天会准备好完成这件事情。
- 同孩子一起探索新环境或者让他先进行观察。
- 告诉孩子，当他做某件事情感到有压力的时候，可以说什么和做什么（"我还需要一点时间"或者"我想先看看"）。

一步一步，与孩子面对并克服恐惧

艾利亚斯颤抖着双腿站在三米跳台上。"艾利！艾利！艾利！"朋友们一直在给他加油。他鼓足所有的勇气，然后跳了下去。当他游到水面上时，所有的朋友都为他欢呼。他咧着嘴，开心地笑着，骄傲地爬出泳池，再次走上了跳板。第二次时，他就已经没那么害怕了。

恐惧是生活的一部分。它可以帮助我们，保护我们免受真正的危险和威胁。同时它也会限制我们、阻碍我们，它会剥夺我们生活的乐趣以及活力。为了防止这种情况发生，孩子们应该学会如何处理他们的恐惧。即使是婴幼儿，克服害怕的意愿也很强烈。他们不断寻找可以证明自己鼓足勇气和敢于直面恐惧的机会。他们在障碍物上保持平衡，自愿跳下跳水板，以极快的速度骑自行车，爬树或听恐怖故事。当强盗的女儿罗妮娅被可怕的森林女妖（译者注：瑞典作家阿斯特丽德·林格伦作品《强盗的女儿》中的人物）追赶或者当哈利·波特被邪恶的伏地魔追赶时，孩子们会和主人公一起紧张兴奋起来。有时他们会从自己的榜样那里感到害怕，父母和老师也可能会引起孩子的恐惧。

如果保罗看到他高大强壮的父亲因为害怕一只狗，走到马路对面避开这只狗，那么很自然的，保罗会认为狗是一种威胁，应该竭力避开；当拉赫勒因为犯错而被父母用厌恶的眼神惩罚，或者在学校被老师羞辱时，她学会了不再冒险，宁可不举手，也不要犯错，做报告时宁可生病，也不要在全班同学面前丢脸；如果劳拉的妈妈过度小心，觉得到处都是危险，那么这个世界对于她的女儿来说，就更加危险。每次当劳拉妈妈大喊："快下来！""你知道会发生什么吗！""小心！""别太快了！"或者"别人会怎么想啊？！"劳拉就会变得更加胆小。

直面恐惧

当我们直面恐惧的时候，恐惧就会减少。也只有当我们获得有益的学习经验时，才会让恐惧减少。如果拉菲勒做报告的时候注意到："跟刚开始相比，我现在没那么害怕了！根本没那么糟糕！老师向我点头、朝我微笑了。"那对她会很有帮助。如果艾利亚斯在跳水之后想："太酷了！我做到啦！"他会很骄傲，会为自己喝彩。

对于那些有严重恐惧症的孩子来说，父母要么太过纵容，要么太过苛刻，这两种方式都会加重孩子的不安全感。如果想帮助孩子直面恐惧，应该怎么做呢？

勇敢地向前迈进

我们主要是通过观察学习来认知和感受恐惧这件事。我们恰恰可以利用这个学习过程，让孩子变得更加勇敢，减少孩子的恐惧感。创建观察学习理论的阿尔伯特·班杜拉，早在1967年就和他的团队展示了榜样对孩子克服恐惧的巨大示范作用。他让害怕狗的孩子观察另一个孩子与狗兴高采烈地玩耍，每次20分钟，持续数天。孩子可以选择只观察他们或慢慢地接近狗舍，最后进入狗舍。到第四天，就有67%害怕狗的孩子愿意抚摸小狗了！

作为父母，我们也可以利用这个学习过程。有趣的是，如果您自己也有恐惧感，或者有和孩子一样害怕的东西，那么您最适合做这样一个示范。如果一个害怕狗的孩子看到大人对狗完全没有恐惧感，那么，并不会有什么帮助。因为这个榜样跟他反差太大了，完全是另一个人，跟他有完全不一样的感受。路易斯的情况就不是这样。为了路易斯不再怕狗，他的爸爸战胜了自己的恐惧。他请求一个熟人帮忙。这个熟人牵着狗，路易斯的爸爸非常害怕地朝狗走去。路易斯站在离得足够远的地方，聚精会神地观察着爸爸。爸爸说："天啊，我好害怕，但我现在还是要做这件事！"他慢慢地接近这只狗，最后抚摸它。他的心都快跳到嗓子眼儿了。但他仍在坚持，恐惧感慢慢地变弱了。然后他说："现在好多了。"他抚摸着狗："摸起来真柔软。你看，它很开心。"过了一会儿，爸爸看到，路易斯像他一样，一步接一步地向小狗走来。

一步一步来

怎么克服恐惧？艾利亚斯和他的朋友们给出的答案是：一步一步来。在艾利亚斯有勇气踏上三米跳台之前，他先后在泳池边、一米跳台、两米跳台处进行练习，直到他觉得安全了，才开始进行新的挑战。如果我们想帮助孩子直面恐惧，那么就要好好思考一下，怎样一步一步地让孩子慢慢克服这种恐惧感。孩子准备好做什么了？他的勇气适合哪种程度？与跳台高度类似，狗狗的大小或做报告时观众的人数也会稍微有所变化。害羞的孩子可以先跟熟悉的人进行练习，先跟爸爸或妈妈练习，然后再跟教母或者朋友练习。比如，他们可以先鼓起勇气跟父母一起去面包店买东西，然后再尝试自己去买。

对孩子的勇敢行为表示肯定

如果孩子在社交方面或者在考试成绩上有恐惧感的话，父母要克制对孩子成绩的赞扬。如果您对孩子说，他这学期"学得很好"，那么您就把他的注意力集中在自己的成绩上了，这会增加他的压力，强化他要做得"好"以及不犯错的愿望。相反，如果您对孩子愿意应对困难的态度表示肯定的话，就是在强调他的勇气和胆量。

帮孩子克服恐惧的建议

- 恐惧可以一步一步来克服。您可以设计一些小步骤，虽然需要孩子拿出勇气完成，但不至于有太大的困难。
- 如果孩子成功地应对了自己的恐惧，要和他一起庆祝。
- 直面自己的恐惧，通过这种方式，为孩子树立一个好榜样。
- 鼓励孩子一点一点地承受恐惧，如果他迈出了第一步，哪怕这一步是多么的微不足道，也要肯定他的勇气和胆量。

如何让孩子感到"我是有用的"？

我们也不是完全悲观的人，谈到养育孩子，近几十年来发生了许多积极的变化，我们为此感到高兴：父母会用更多的温暖、赞赏和尊重来对待孩子，平均每个人都会花更多的时间陪伴孩子；大多数青少年说，家人对他们来说很重要，他们与父母的关系很好；越来越多的父亲开始积极参与育儿工作。我们这一代的父母可以为此感到自豪。然而，也有一些新的发展趋势引起了我们的关注。

其中一点是，现在的父母虽然十分关注他们的孩子，却无法让孩子感到自己被这个社会需要。我们在孩子身上投入了很多，期待他们能够为了自己的未来奋斗，但是这个未来对于他们来说却非常遥远。同时，我们也几乎无法让孩子感觉到他们可以为家庭、为社会做出重大的贡献。

如果孩子放学后还要去院子里帮忙，或者做些家务、照顾弟弟妹妹，父母会觉得孩子太累了。但是我们要帮助孩子建立一种感觉：我是有用的。

幸福的秘诀

在我们工作的过程中，总是会遇到一些年轻人或者年轻的父母，他们对人生的意义产生了怀疑。他们很多人都认为自己不能做出任何成就和贡献。一名25岁的女大学生前段时间在一次研讨课上说："我完全不知道自己存在的意义是什么。从我7岁起，所有的一切都围绕着拿到好成绩转。我所有需要做的，就是为将来的生活做准备。"她就像另一个学生总结的那样："我觉得自己就像一只宠物，被爱着，但不被需要。"如果我们希望孩子快乐，让他觉得生活有意义，并形成健康的自我价值感，我们就不应该只问自己能为他们做什么。更重要的是，要问孩子可以为我们和他人做些什么。

乐于助人的品质生来就有

作为一种天性，乐于助人的品质是和孩子一起来到这个世界上的，它深深植根于我们的基因之中，在小孩子身上就可以明显看到这一点。当他们刚会走路的时候，就会给大人开门、捡起掉落的东西，或者安慰其他的孩子。

在一项创新性研究中，由心理学家凯利·哈姆林（2007）领导的研究小组甚至能够表明，婴儿已经会对那些乐于助人的形象表示欢迎，对那些刻薄待人的形象表示拒绝。研究小组让婴儿观察三个不同颜色的图形：一个三角形、一个圆形和一个正方形。他们观看了其中一个图形如何尝试爬上山头，并被另一个图形推着或被第三个图形阻挡。观察结束后，孩子们可以选择一个木制图形。几乎所有的婴儿都选择了帮助者的形象，无论它是什么颜色或形状的。

作为成年人，我们可以通过尊重孩子乐于助人的想法、允许孩子提供帮助，同时通过表达感谢等方式来让孩子变得更强大。

但是，就像从一个日托中心监控里看到的情况一样，实现这一点并不容易：当有小朋友受到伤害时，正如预期的那样，孩子们会跑过去安慰他。但是还会发生其他的情况：当一个孩子哭的时候，一位老师立即赶了过来，把这个心烦意乱的孩子搂在怀里抱走了。不久之后，孩子们就不再互相安慰了。他们已经知道，这是成年人的工作，与自己无关。

成年人经常会阻止孩子自发帮忙的意愿，甚至在家里也是如此。一个三岁的小女孩儿想帮忙做饭，父母觉得太危险了，锅太烫了，刀太锋利了，或者害怕她把厨房弄得一团糟。父母搪塞孩子，跟她说，再长大点儿才能做饭。但是等她长大后，父母就会奇怪，为什么她对做饭已经没有兴趣了。

在夏威夷吐司或比萨上摆放食材，准备可丽饼面糊或烤蛋糕的原料……许多菜看不仅简单，而且非常容易准备，甚至年幼的孩子也能帮忙。

从上面提到的日托中心的例子中，我们可以感受到尊重孩子乐于助人的意愿难度很大。当孩子哭的时候，隧道视野效应（译者注：隧道视野效应指的是，一个人若身处隧道，他看到的就只是前后非常狭窄的视野）往往会出现。在那个时刻，我们眼里只有那个哭泣的孩子，我们走过去，把他抱起来安慰他，这是出于最好的意图。毕竟，哭泣的孩子指望着我们来照顾他。

然而，帮助和被帮助并不相互排斥。作为家长或老师，我们可以与哭泣的孩子坐在一起，在其他孩子面前抱住他。我们可以让大家参与进来，表达共情："艾琳感到很疼，是不是？"当其他孩子安抚艾琳并鼓励她时，我们可以对他们微笑并加以肯定。

我的孩子不愿意帮忙

有些父母觉得他们的孩子根本不愿意伸出援手。他们认为自己的孩子不主动，甚至是"懒惰的"。然而，仔细观察往往会发现，由于父母采用了一些负面的教育模式，导致孩子在很小的时候就不喜欢帮忙。

孩子希望成为一个真正的帮助者

孩子们想帮忙，但不是随意地帮忙。他们希望能够承担责任，发挥自己的才能。

出于这个原因，家务劳动往往不大受欢迎。很多孩子本能地觉得：我的父母并不是真正依赖于我的帮忙。这只是一种另外的"教育方式"，只是让我学习一些生活技巧。

请您不要误解：让孩子收拾自己的餐具，绝对是件有意义的事情。只是当他到一定年龄时，这种事情不会再让他觉得自己是在为家庭做贡献。

在孩子帮忙的过程中，您越重视发挥他的才干、满足他的需要，孩子从这件事情中的收获就越多。

孩子不想成为"小跟班"

小时候，我（法比安）可以帮忙做很多事情，包括一些非常有趣的、要求较高的工作：用斧子劈木头、锯树枝、修剪草坪。我最讨厌的是一些打下手的活儿：当我父亲干活时，我站在一旁，时不时地要去拿点东西："法比安，给我拿扳手……不！这是一把螺丝刀，你好好听了吗？"我没有，做这些工作的时候，我从来就没有好好听，因为我觉得很无聊，觉得很愚蠢。于是我跑到地下室，心想"爸爸说了什么？带点儿什么东西？那我就拿这个吧"。

如果可能的话，父母要给孩子一项完整的任务，而不仅仅是只让他做跑腿的活儿。

每周三天清理餐具，做饭时帮忙切黄瓜和胡萝卜，对一个12岁的孩子来说，并不是很有成就感。当每周有一天他可以为全家人买东西，为全家人做饭，并且因为所有人都喜欢他的菜而感到自豪时，情况就完全不同了。他知道：今天我真的减轻了父母的负担。

一位妈妈发现她14岁的儿子对家务事不闻不问，她告诉我们："儿子需要的是有趣的、具有挑战性的任务。于是我们让他安排一下我们的假期。我们给了他一笔经费，全家人都向他提出自己的想法。接着他就开始行动了，连着几周晚上，他都在网上认真搜索，做计划。我们必须要退居二线，完全信任他，我也有意地不去过问。我们必须得忍住，但这都是值得的。因为后来，我完全没想到，用这点钱可以过一个那么棒的假期！"

如果孩子能在交代给他的工作中承担更多的责任，那么他就能学会成长。一位校长在一次进修培训中说道："我们每年都会举办一次跳蚤市场的活动，孩子们可以把自己的玩具带过来互相交换。但是，去年的跳蚤市场被现在的六年级同学破坏了。那天，好几个调皮的男孩儿女孩儿跑过来捣乱。今年举办的时候，为了不让他们再打扰其他人，我们先给这个六年级班同时安排了看电影的活动。但完全不奏效！然后我们就重新给了他们一项任务：每个人照顾一个幼儿园孩子。他们必须保证让小孩子们有食物，在交换玩具的时候不受骗，按时到达指定的地点等。我们从来没见过这个班级做得这么好。他们照顾小孩子的时候是那么体贴。活动结束的时候，每个人都非常骄傲，这一切，都让人非常感动。"

孩子们想要帮忙，但也许不是"现在"

我（斯蒂芬妮）的爸爸不仅是一个热心肠的、幽默风趣的人，他的动手能力也很强，大家默认家里的杂活都是他的。所以当家里有个房间需要修葺时，一大堆活儿都出来了：家具得移动，箱子得搬，墙得粉刷。这时总会出现相似的场景：我爸爸喊我哥，"克萨维尔，我们还得……你能来帮我一下吗？"我哥回答："好的，我马上上去，我把这里弄完就去，20分钟我就去。"可是，等他一会儿过去准备帮忙的时候，我爸爸已经一个人费尽九牛二虎之力把家具搬好了，然后不高兴地说："现在不用你帮忙了！"

这时哥哥就回答："我很愿意帮忙，但是你得先学会有点耐心。我说我20分钟后过来，我也来了啊。"

有些父母很没有耐心，他们通常都想让孩子马上停下手里的所有事情，赶紧过来帮忙。如果孩子不这样做，他们就会咬着牙自己完成，心里想着"那我自己做就好了"。如果孩子一会儿过来帮忙，就会得到一顿训斥，孩子心里就会感到内疚，久而久之，孩子就会产生这样的想法："你找我干吗？你自己就能完成嘛！"

如果您意识到自己缺乏耐心，那就思考一下："这个事情最晚什么时候需要完成？"通常您会发现，这件事也没那么紧急。如果确实紧急，那您就给孩子一个时间范围，并且说清楚，为什么这么迫切需要他的帮助，那么孩子的反应一定会更好。比如您可以说："天啊，我忘记买面包了。你有没有时间再去买一个呢？最晚17点我需要，这样我们就可以按时吃到晚饭了。"

如果您能反思一下，这种不耐烦从何而来，会很有帮助。有的父母发现，不耐烦的原因在于对孩子缺乏信任：父母坚定不移地认为，无论如何，孩子都不愿意帮忙，他们很可能已经把这个任务忘到九霄云外了。如果是这种情况，那就陷入了恶性循环：爸爸或者妈妈带着怀疑的口吻请求帮助，可能还有一种弦外之音，比如"你真的会过来帮忙吗"或者"我能相信你吗"。这种行为会使孩子失去帮忙的兴趣。当孩子嘟囔着说完"好的，我会做的"之后，父母还总是偷偷地躲在孩子身后，用一种监视的、责备的目光，生气地盯着孩子，然后一边心里想着"我早就知道是这样"，一边自己一个人把事情做完。

对孩子来说，这种方式的请求就像是对亲子关系或人格的一种测试，测试结果就是：孩子不可靠，他在逃避责任，他不知感恩，"完全看不到我们为他所做的一切"。

也许孩子真的忘了承诺，没有及时买回面包。但上面所说的父母的态度恰恰会强化这种趋势，因为对于孩子来说，"帮忙的义务"被强加了一种负面的情绪。打破这种恶性循环最简单的方式是，您要表现得完全信任孩子，相信他能完成您的要求。您可以设想，他已经开始执行这项任务。您把任务交代好之后别再想这件事情。不追问，不监控。

也许您会得到一个惊喜，孩子很好地完成了任务。这时您要做的是：即使很惊喜，也不要表现出来。父母有时会说"哇哦，我们的小大人真的完成了啊"，或者"现在这件事情还难吗？为什么不能一直这样呢？"，甚至会说"要是不用我说，你就去做，那就更好了"。这些评价会让一个乐于助人的孩子开始拒绝帮忙，其实一句"谢谢"就已经足够了。

一句真诚的"谢谢"比一番表扬要更好——为什么？在"怎样正确地奖励孩子？"这一节里，您会得到答案。

孩子在哪些方面可以帮忙？

也许您有兴趣简单思考一下，您的孩子是否已经知道自己在哪方面的帮忙最有价值。您是否想探索一些新的领域呢？哪些任务对孩子来说具有挑战性？他可以在做饭方面发挥他的才能吗？可以为全家计划一次周末郊游吗？能不能在花园里种一小片菜呢？照顾弟弟妹妹如何呢？或者能不能辅导朋友学习呢？

给悲观、爱抱怨的孩子的建议

"你好啊我的朋友们……"每当我（斯蒂芬妮）按响门铃的时候，我的祖父就会大声唱出这句话。无论是对我们这些孙辈，还是邮递员，或是邻居家的孩子，他都是那么开心。每个人都感到自己受欢迎，并被他那种无限的生活热情所吸引。当我跟他说起，我正在学校学法语时，他回答："Ah，vous parlez français，Mademoiselle!（译者注：这句话是法语，意为：哇，你会说法语啊，我的小姐！）"而且，他是非常流利地脱口而出。这些日常生活中的小事揭示了他生活故事的片段。我吃惊地问他怎么会说法语，他说："这是个很长的故事。"

他摸了摸自己的光头，上面散落着几束白发，他的头皮已不再光滑，由于无法取出的弹片，上面伤痕累累。他开始讲述战争，讲述他被俘虏的经历，讲述他在意法边境战俘营度过的许多年，讲述他们必须要清除的雷区，那些在他身边被炸死、冻死或饿死的年轻人。每当我读到与乐观主义或坚韧不拔相关的主题时，我总是会想起我的祖父：他坚定不移的生存意志，他的平和镇定，以及他为看似微不足道的事情而欢欣鼓舞的能力。

在我们的文化中，乐观主义者通常被看作是脱离现实的，是天真幼稚的。当我（斯蒂芬妮）在研讨课上说到培养孩子乐观的人生态度多么重要时，一位母亲回应道："对此我有不同的看法。我必须让我的孩子为适应现实做好准备！如果我们做最坏的假设，认为现在的世界是不公平的，明白如果对其他人太好就会遭到利用，如果能做好这些心理准备的话，那么我们就会过得更好，更不容易失望！"这种想法当然是不对的。那些从一开始就认为世界糟糕的人，他的内心深处会充满忧虑，他和孩子的未来也会惨淡无光，最后导致自己和自己的家庭越变越糟。那些对生活持悲观态度的人，会把他的注意力自动集中到所有悲观的方面：游乐场上那个"坏孩子"、学校里那个泄露自己秘密的朋友、粗暴地把校园一部分据为己有的高年级学生、不公平的老师、严苛的教练……所有这些经历都变成了有力的证据，证明了这个世界有多么糟糕，多么不公平。谁要带着这种有色眼镜生活，谁对负面情绪的感受就会更长久、更强烈，而且他们也会错过很多时刻：同学们是乐于助人的、友好的或忠诚的；老师对同学是尊重的；严厉的教练通过明确的规则和反馈，使孩子们能为自己的进步感到高兴……所有这些可以带来正面情绪的时刻都会被挤到一边，与此同时，负面情绪会被激发，比如愤怒、妒忌、沮丧或失望。人们感到自己是时代的牺牲品，很快就会陷入消极状态："反正所有事情都一败涂地。我还能做什么。"一些研究结果明确显示：乐观的人更长寿，身体更健康，人际关系更融洽，事业更成功，他们能更好地应对失望，更积极地解决问题。

乐观主义并非是天真幼稚的积极思维，而是坚信生活是值得的，生活中存在很多美好的事物，坚信危机和困难终将会被克服。但是一个家庭怎样才能变得乐观积极呢？面对这个问题，我们无法绕开"感恩"这个词。著名的脱口秀主持人奥普拉·温弗瑞从小在赤贫中长大，并遭遇性侵，她说道，"写感恩日记是我生命中做的最重要的事情。无论你的生活中刚刚发生了什么，如果你能关注自己拥有什么，那么最后，你一定比之前拥有的还要多。如果你只关注自己缺少什么，那么你永远、永远、永远也不会满足"。

作为父母，我们可以引导孩子，放缓生活的步伐，对那些我们有时认为理所当然的所有美好事物表达感激之情。

您可以和孩子一起用下面的练习做这件事情：

在生活中我应该感谢什么

我拥有什么（例如：一个亲爱的伴侣，一个幸福的家庭，健康的孩子等）：

- _____
  _____
- _____
  _____
- _____
  _____
- _____
  _____

我能做什么：

- _____
  _____
- _____
  _____
- _____
  _____
- _____

我应该感谢什么：

- ....
  ....

- ....
  ....

- ....
  ....

- ....
  ....

我的孩子是悲观主义者

有些孩子确实是小小的悲观主义者。他们能感知到所有的
失败、问题和不公。他们会谈论这些，几乎不止不休。父母有
时完全想象不出，孩子这些负面情绪从何而来，但也会尽全力
给予孩子帮助——通过倾听、理解、安抚和建议。

抱怨和发牢骚通常有隐藏的原因

对于那些经常抱怨和发牢骚的孩子，父母总有一种与风车
作战的感觉（译者注："与风车作战"出自西班牙作家塞万提
斯的小说《堂吉诃德》，指代毫无希望、没有意义的斗争）。
一个问题还没完全解决，另一个新的问题又出现了。对于孩子
来说，似乎让问题一直存在比解决问题本身更重要。如果这样

想那就对了。一般来说，抱怨和牢骚里都存在一个不为孩子和父母所知晓的目的：它满足了孩子重要的需求。问题是：哪些要求？对有的孩子来说，抱怨可以直接引起父母的兴趣和关注。当孩子倾诉自己遇到的问题时，应该是父母作为成年人最专注的时刻——父母马上变得清醒、全神贯注。有些孩子会不自觉地把这种亲密的亲子关系同自己的抱怨关联起来，他们认为用这种方式，可以建立和父母的亲密关系，可以感受到关心。对于父母来说，这种情况最开始也会跟一些正面的情绪联系起来。父母倾听孩子的心声，表达自己的理解之情，帮助孩子，可以感受到孩子的表情是如何变得开心起来的，因为父母能够帮助到他，找到解决方法或用不同的方式来看待问题。对父母来说，这些同样是愉快的亲子体验：他们会觉得自己是有能力的、被认可的。他们可能会体验到：我对我的孩子来说是重要的！有时父母中的一方也会感到得意，因为孩子遇到困难总是去找他/她，这个善解人意的父母会理解孩子，跟他打成一片。

这些过程有时可能会变成恶性循环。孩子抱怨的次数越来越多，父母变得疲惫不堪。现在，他们对待孩子开始不耐烦，也不再像以前那样专心致志地倾听。孩子对此的反应是摆出更大的问题，以赢回父母的关注和重视。如果孩子一反常态，讲一些积极的事情，或者无忧无虑地玩耍，父母就会松一口气。最后一切恢复正轨，我们可以投入到其他事情中，或者关注一下其他的孩子。那么这个孩子就认为：如果我没有问题，我就不会被重视。

跳出恶性循环

对孩子进行批评、训斥，或者呼吁孩子以更积极的眼光看待世界，都没有什么用处。如果孩子将这些反应视为拒绝，那么就会增加其对亲近的渴望，他将会更迫切地谈论自己的忧虑。如果抱怨的背后是对亲近、关注和亲密的需要，那么打破恶性循环最简单的方法就是让孩子体验到，当他一切很好的时候，当他谈论美好经历的时候，父母也会一样全心全意地陪在他身边。

当您的孩子抱怨时，继续倾听，但要注意，当他告诉您他的长处、与其他孩子相处的美好时刻或老师的阳光面时，您也能多一点陪伴。

您可能注意到，当孩子向您讲述他积极的方面时，您更难全神贯注地倾听。我们习惯于把问题进行详细的剖析。但遇到美好的事情时，很少会这样做。当孩子告诉我们，老师很凶时，我们立即会问："发生了什么？她为什么这样说？你感觉怎么样啊？"但另一方面，如果孩子说老师表扬了他，我们通常只会说"哇——真好！"

如果您的孩子有点悲观，您可以更仔细地询问他遇到的那些美好的事情："什么事情让你感到特别高兴？""你觉得这是怎么实现的呢？""你对这件事做了什么贡献吗？""你怎么做，才能让这种开心的事情经常发生呢？"通过对这些美好的经历进行探究，它们会变得有形、可以回味，同时也成为您和孩子之间关系的黏合剂。

可能一开始感觉会很奇怪。那么做些具体训练会很有帮助，比如上文中提到的感恩练习。

如果在几周内能够培养出一种日常仪式，让人意识到自己经历了多少美好的时刻、有多少事情进展得又好又顺利，那就会更有效。您可以和孩子一起进行积极心理学中提倡的"什么进展顺利"的练习。在这个练习中，您可以花一点时间，在睡前与您的孩子谈论当天顺利的或令人感到高兴的三个时刻。您可以只让孩子讲，也可以自己再多说三个时刻。这些可能是看起来很小的事情：

- 我们在回家的路上看到了一只松鼠。
- 我们在学校就餐时吃了美味的甜点。
- 雅思敏问我是否愿意周末到她家玩。

通过这种方式，一方面您将孩子的注意力引导到他生活里的美好方面，另一方面您在间接地向他传达：当你谈论积极的事情时，我也在陪着你，并倾听你的话！我们可以一起为一些事情开心。

"什么进展顺利"的练习效果非常惊人。在五周内进行这个练习的受试者，即使在半年后，其表现仍明显好于对照组。您要注意，不要把它变成一种例行公事，甚至是一件苦差事，那样就会失去效果。

反抱怨技巧

- 鼓励孩子谈论他生活中的积极方面。例如，用"什么进展顺利"练习或感恩练习。
- 当孩子谈及美好的经历时，要仔细聆听。
- 通过充满好奇的询问，加深孩子良好的体验。
- 与孩子一起在脑海中回味美好的事情，一起大笑，并制订计划让更多美好的事情发生，向孩子传递一种想法：谈论美好事物是多么有趣！
- 作为家长，要不时地花点时间来思考一下，是什么让您的生活更有价值。

停止对磨磨蹭蹭的孩子说"快点"

"你最讨厌对方的是什么？"在一个关于学习的研讨会上，我们向父母和他们的孩子提出了这个问题。对父母来说，磨蹭这一点位居榜首。这对孩子们来说并不奇怪。他们知道，他们的神游和慢吞吞让父母感到烦躁——毕竟，他们整天都听到"快点！""快走！""你怎么还不动？！"与此同时，我们跟孩子们也进行了交谈，他们说了自己认为最讨厌的事情。当我们回到小组里时，家长们对孩子们的回答瞠目结舌。

大多数孩子说："最糟糕的是父母不断地施加压力、催促和逼迫！"

正是这些反馈让父母们意识到，他们的不断催促给孩子们的学习带来了多大的压力——偷走了他们无忧无虑的时刻，还把他们从游戏中拽了出来。

因此，一方面，我们的家长脑子里装着每天的时间表，眯着眼睛瞄着表，必须操心孩子按时到学校或上体育课。另一方面，孩子们想活在当下，享受当下，沉浸在眼前的事情中。在这一点上，父母和孩子如何能达成一致呢？

支持孩子

在许多家庭中，孩子从起床时，与父母的斗争就开始了。孩子不起床，突然就开始玩闹起来，就是不穿衣服；吃早餐的时候，在碗里翻来扒去，但就是不好好吃。

经常有人建议，父母要早点叫醒孩子，这样他们就不用在早上赶时间了，但这只能给某些家庭带来帮助。在另一些家庭里，这个过程反而变得更长了，即便不停地催促孩子，也没什么用。在过去的几年里，我们向许多孩子磨蹭的父母提出了这样的问题：

"如果你催促孩子快点，会发生什么？他会更慢还是更快？"绝大多数父母回答："孩子会更慢。"在我们看来，那些容易神游和磨蹭的孩子在受到来自外界的压力时，会更容易在他们的内心世界中寻求庇护。他们屏蔽了苛刻的环境、紧张的父母、繁忙的日程安排，以便找到平静的时刻。我们的建议是：请您停止说"快点"。

如果您愿意，可以尝试进行更多的教育设计，这有助于磨蹭的孩子不在自己的世界里神游。例如，如果孩子年龄太小，早上很难抓紧时间穿好衣服，您可以用他的衣服铺设一条路线：内裤放到床边，T恤放到门口，袜子放到走廊，裤子放到厨房。您的孩子在穿衣服的时候，就从卧室走到了餐桌旁。

设法放松

我（法比安）在早上容易手忙脚乱。如果在前一天晚上就准备好一切，就会从容很多：摆好桌子，打包午餐，把孩子们的衣服放在客厅里。早上，我除了把面包、黄油和果酱放在桌子上外，什么都不用做，这样我可以集中精力照顾孩子。如果我还得在早上准备午餐，而同时，大一点的孩子想跟我说点什么，小一点的孩子穿不成袜子，那么到最后，每个人都会压力巨大。

对于大一点的孩子，可以设置一个固定播放的歌曲列表。早上的时候，打开孩子最喜欢的歌曲列表。他可以在床上听第一首歌，在淋浴时听后面三首歌，在擦干身体时听第五首歌，在穿衣服时听第六首歌。孩子们更愿意被自己最喜欢的歌曲温柔地陪伴着出门，而不是被恼怒的父母催促。

"几个月来，我们每天早上都和儿子大吵大闹"，在我们一次研讨会上一位父亲讲道，"他就是不愿意起床，在去卫生间的路上，都能被玩具迷住。如果哪次他在被叫醒后，立马起了床，不一会儿我们就会发现他在地板上某个地方，裹着一条毯子，要么玩儿着什么，要么再打一会儿盹，要么呆呆地盯着空气出神。他想在早上自己安静一会儿，一般的建议都没用。我们经常会被气得不能自已。直到有一天，我们对他说，'你知道吗？如果对你来说，早上自己待一会儿、再睡一会儿非常重要，那我们就这样做。只要你穿好衣服，吃过早餐，剩下的时间你就可以躺到沙发上或者回到床上，但只能躺到公交到的时候。'我们的儿子因此在早上变得动作更快。上学前的这段"冷静时间"对他来说是神圣的，他希望能充分利用这段时间。这听起来可能很奇怪，但对我们来说是有效的。"我（斯蒂芬妮）看到这个故事不禁笑了：我小时候也是一个晚起的人，至今仍然喜欢犯懒。多年来，我的母亲也证明了她有天使般的耐心，每天早上，她会一遍又一遍地到我的房间来叫我起床，因为我想在床上舒服地"再睡5分钟"，而且经常又会睡着。前几天，我就使用了一个与上面这个家庭类似的技巧。早上洗完澡，穿好衣服，我又让自己舒服地躺到床上，喝上一杯热腾腾的拿铁咖啡，直到闹钟第二次也是最后一次响起时才起床。

对于我和我的丈夫来说，早晨的这15分钟是一个我们共同的宁静小岛，有了它，我们可以放松地开启新的一天，不慌不忙，还能准时地走出家门。

重视开心的时刻

有些孩子每天都会听到父母对自己的评价，比如"你总是像丢了魂儿一样，为什么你就不能长点儿心呢"或者"你总是这么慢吞吞的"。渐渐的，孩子会把这些评价当真并内化，开始自我贬低。同时，这些反馈也会加大亲子关系的压力，孩子会变得越来越慢，越来越执拗，父母会施加更多的压力，从而形成恶性循环，那么孩子和父母都输了。

相反，如果在一个愉快的时刻，我们对一个爱走神儿的孩子说："哇，你已经穿好衣服啦！"并对他微笑一下，那我们就改善了彼此的关系，加强了孩子第二天再尝试一次的动力。

保护孩子

有时候，作为一个爱走神儿的孩子的父母会不知所措，在快节奏的世界和巨大的压力面前能做到的，只有保护孩子。有些爱走神儿的孩子的父母说，即便在小学，他们的孩子也要花费好几个小时来完成家庭作业。这些孩子通常会对学习产生厌倦，在大量的作业面前，他们几乎什么也不会。因此他们对学习就会产生越来越强烈的厌恶。他们缺少空闲时间和休息空间。他们越来越多地在上课的时候获得急需的休息，比如在课上心不在焉、走神儿、放空看窗外。

在这种情况下，我们建议您缩短孩子写家庭作业的时间。您可以同老师谈一谈，向他们描述孩子做作业需要多长时间。几乎所有的老师对这个建议都持开放性的态度：孩子每学年每天花费10分钟写作业（比如到三年级的时候花费30分钟）。如果他在这段时间内能够集中精力学习，那么作业时间就可以结束了。父母可以在作业本上写："已经专心学习了30分钟。"

大多数时候，如果作业量减少的话，孩子学习起来会更专心致志，学习效果也会更好。很多孩子还会雄心勃勃地想要在这段时间内完成尽可能多的任务。如果您同孩子一起计划家庭作业，在写作业过程中，让孩子短暂休息一会儿，告诉孩子一些有效的学习策略，孩子会学得更好。

向孩子学习

最后我们想建议您向孩子学习，这对您自己也有好处。您的孩子喜欢沉浸在某个游戏里吗？他会在路上观察每一只甲虫吗？要是购物时间变长、错过公交，他是不是无所谓呢？

孩子们需要时间来认识这个世界：培养兴趣，从情感上了解某个事物，被某个故事、被大自然或被一首乐曲所感动等所有的这些都不能被按下加速键。在这些瞬间，如果我们成年人能够忽略时间的流逝，一定也会从中受益。

在孩子慢吞吞的时候，您是跟孩子一起享受这些时刻，还是感到焦躁，取决于您心中的目标。如果您设想，赶紧完成购物或整理好洗碗机，那么孩子的计划、游戏和他的想法都会成为您达成目标的阻碍。这些障碍让人沮丧、愤怒。您越强烈地觉得某个时间表或任务是必须要完成的，这种沮丧感就越大，那么孩子就越会成为您的阻碍。

我们建议您进行一个实验。在一周中找两个下午做这个实验，目的是同孩子一起度过这两个下午，并且要按照孩子的节奏去做。规则是：所有的事情都可以做，没有什么不可以。如果在这个时间段里您能买成东西或整理成房间的话，就把它当作对自己的一种额外奖励。在这两个下午结束后，您可以问一下自己：我感觉怎么样？我和孩子之间的气氛怎么样？我们做了什么？也许您会注意到，所有事情都进展得很顺利，但感受到的压力更小。

我们成年人都是按部就班地生活，孩子把我们带回到生活的真实节奏中，在感觉正确的时候做事情，可以让人感到更加自由。

同行动稍慢和爱走神儿的孩子相处的小建议

- 请您别再催促孩子。大多数情况下，催促只会让孩子变得更加拖延。
- 通过跟孩子一起制订计划或练习固定的流程，给孩子更多的规划。在吃晚饭的时候，跟孩子提前谈论第二天的安排。
- 保护孩子不承受过重的负担。跟老师合作，限制孩子的作业时间。让孩子学会在短时间内集中精力比做完所有事情更重要。
- 特别是对爱磨蹭的孩子，要确保用短暂的休息时间（5分钟）来延续孩子的学习兴趣。精心设计的休息可以减少孩子通过看窗外出神儿而偷偷休息的需要。
- 经常按照孩子的节奏，享受放慢脚步的状态，更有意识地感知生活。

"救命，我的孩子会说谎！"

孩子说谎，对有些父母来说，好像世界都要崩塌了。他们往往会自问："我的教育方法出错了吗？为什么他没形成正确的价值观？他最后会不会变成一个坏人？"

俗话说："小孩儿嘴里掏实话。"不过，时间不会很长。从四岁开始，小孩儿就会"说谎"了。起初这些谎言显得有点拙劣，一个四岁的孩子激动地说："我没做！"尽管大家已经观察到了他在说谎。

过不了多久，这些"欺骗"行为变得多种多样起来。孩子们发展出来一种心理学上所说的"心智理论"：他们了解到，其他人对世界的信息掌握程度与他们不同。而且他们发现，他们可以向另一个人提供虚假信息，从而影响他们的行动。

当孩子突然意识到，父母不是全知全能的，自己可以愚弄他们的时候，是多么令人激动啊！这必须要试验一下。

"你把我的鞋子藏起来了吗？""没有"，我（法比安）的儿子回答道，当时他四岁。我认真地盯着他看，最后相信了。过了一会儿，他把鞋子拿给我，骄傲地说："我骗了你，你却没有发现！我以前从来没做到过（说到这里，他侧着眼睛，咧开嘴笑了。在此之前，这是一个表明他在说谎的明确无误的信号）。"他已经学会了通过摆出一副扑克脸来瞒过自己的爸爸。

　　撒谎对孩子的要求很高。他们必须设身处地为对方着想，权衡对方掌握的信息和他们必须给对方的信息，以便显得可信——而且他们必须控制自己的面部表情。在这个意义上，儿童的捏造和撒谎也是社会技能发展的训练场。

　　说谎、欺骗和捏造是孩子4～7岁这个阶段健康发展的一部分，不必担心。在这个阶段，人们开始慢慢向孩子说明撒谎是有问题的，也许还会给孩子讲匹诺曹的故事，或者讲总是喊"狼来了"的那个男孩儿的故事，并且对孩子说，经常说谎可能会产生哪些后果。但是，如果是小一点的孩子，我们更应该选择讲述诚实能带来哪些好处的故事。一项研究表明，对于3～7岁的孩子而言，听了这类故事，孩子更愿意说出真相，而听了匹诺曹这类说谎带来负面后果的故事后，他们也不会减少说谎的行为。

　　6～8岁的孩子可以越来越好地区分想象和现实，他们也更能意识到，一般情况下不能欺骗他人，因为这会影响自己和他人的关系，并给他人造成伤害。这样一来，说谎的频率也就下降了。

孩子为什么会说谎？

　　如果是大一些的孩子说谎，那么父母有必要进行仔细观察和思考，看看出于什么样的原因，孩子不得不撒谎。而小一些的孩子说谎，更可能是因为想获得一些好处。他们偷偷摸摸地吃零食而不承认，在别人面前用谎言来装模作样，以使自己看起来更好，或者他喜欢骗别人玩儿。

年龄较大的儿童和青少年通常有更合理的理由不站出来说明真相。他们想逃避惩罚、避免羞耻感或保护他人。在遭受欺凌、虐待、暴力或被忽视的情况下，儿童和青少年往往觉得必须要撒谎，因为他们害怕事情的后果，或者觉得自己有义务对某人忠诚。

当孩子撒谎时，该作何反应？

如果发现孩子稍微有些撒谎的苗头，父母就开始愤怒或失望，逼迫孩子承认，并开始惩罚孩子，那就会推动他做出进一步的撒谎行为。一般情况下，孩子不喜欢撒谎。如果他们发现自己可以说出真相，而不用担心严重的后果，他们就更容易跟父母坦诚相见。多项研究表明，孩子更容易表现出诚实的品质，如果成年人这样做：

- 自己有勇气诚实对待孩子和他人，营造一种开放的家庭氛围。
- 当孩子想要试探着说谎的时候，不贬低或惩罚孩子，而是要跟他聊一聊，为什么他不敢说实话。
- 当孩子敢于说实话的时候，对他表示尊敬。
- 帮助孩子弥补失误，而不是惩罚他。

有的时候，我们需要思考一下，一个谎言背后隐藏着什么信息。在一次培训中，一名教师跟我（斯蒂芬妮）讲述了一个女孩儿的故事，她在校园里骑着一辆新的滑板车，并坚定地声称这辆车是她自己的。但是很明显，这辆车是另一个女生的。当班主任就偷窃一事跟她谈话时，甚至当她妈妈不得不来到学校消除最后的疑虑时，这个女孩儿还是坚持自己的说法。教学人员现在想知道，如何适度地惩罚这个孩子。在辅导过程中，我们决定跟这个女孩儿谈一次话，谈话内容如下："有时我们特别特别想要某个东西。太想要了，以至于有时我们会觉得这个东西就是自己的……拥有一辆滑板车对你来说一定很重要……"很快我们就发现，女孩儿家庭贫困，她很痛苦，在学校抬不起头，因为她"赶不上"班里的同学，她"也想拥有一些新东西，并融入大家"。

我们可以赋予孩子多少隐私权？

"隐瞒就等同于撒谎！"一位妈妈在她15岁的女儿做了错事却不马上来找她时说道。在谈话中，可以明显看到这位妈妈受到了很大的打击，女儿似乎不那么信任她，而之前她们的关系是那么亲密那么好。

特别是在今天，父母经常同孩子维持一种几乎像朋友一样的关系，而当他们发现，孩子在青春期会更多地信任他的朋友，父母的地位慢慢地被取代时，他们会感到很痛苦。

因此，这对父母来说意味着一个新的阶段，随着时间的推移，要给予孩子更多的私人空间，当孩子同父母分享自己的个人想法和经验时，父母要把它视作一种馈赠，而不是一种坦白。

我（法比安）的妈妈曾经说过："你不必知道对方的一切，有些事情你们不用说出来。"她不是在对我说这句话，但对于我来说，这个时刻特别重要。我们可以保留一些自己的秘密。这真是一种自由啊！由于这种自由，我感受到自己被尊重，反而更愿意袒露心扉。至少对于我来说，越被尊重就越乐于分享自己的心事。

孩子总跟其他人比，怎么办？

1960年的春天，两个幼儿园的孩子在圣加仑的一个院子里进行了一场激烈的交流：

"我父母有一辆比你家大的汽车！"

"我们有一栋房子！"

"但那是栋老房子！我们有一个新公寓，还有很多的钱！"

"我爸爸有更多的孩子！"

"但是我们能去更远的地方度假！"

其中一个孩子，也就是我（法比安）的叔叔，在打出最后一张王牌时，听起来几乎是绝望的："我爸爸肚子上的毛比你爸爸多得多！"最终，他赢得了这场争论。

家长总是在问，如何让他们的孩子摆脱比较的习惯，鼓励他们更多地关注自身的优势和进步。

在讨论这个问题之前，我们想强调，与他人竞争是孩子自然发展的一部分。

你是谁？我是谁？我们在哪？

一旦孩子开始探究自己和他人，就会开始关注相同点和不同点。小孩子会首先注意到显性的区别，特别是那些在儿童世界里具有重要意义的事情：谁是最高的、最强壮的、跑得最快的？

小孩子还是很自信的。自己的爸爸当然是最强壮、最高大的，自己的妈妈当然是最美丽的。但是渐渐的，他们发现，其他人在某些领域表现得更好。最初的失望悄然而至，同时自我和他人的形象也变得更加分明："爸爸，马略的爸爸比你高！"

在小学阶段，当同龄人变得更加重要时，当孩子们能够更好地评价自己和他人时，比较的行为变得越来越多。在这个过程中，我们认识了自己的优势和劣势。随着几年、几十年的发展，自己的形象也变得越来越具体和现实。如果幸运的话，在这个过程中，我们能够越来越好地接纳自己，发挥自己的优点，并同自己的不足与弱点和解。

当我的孩子跟其他人比较时，我应该持什么态度？

在通常情况下，父母会把"比较"这件事当成一个严重的问题，但这根本不是一个问题。在咨询过程中，我（斯蒂芬妮）多次注意到，许多孩子能够清楚地描述自己的长处和短处，并能十分准确地评估自己的成绩。例如，一名学生讲述了他在学校的感受，他喜欢做什么，擅长什么，以及他的同桌学得怎么样。只要孩子开始进行这样的比较，许多家长就会焦虑。孩子们提出的客观评价被强加了感情色彩。这个时候，大多数孩子都会羞愧地转过头，在椅子上蹭来蹭去，或者紧张地搓着自己的手。他们突然觉得，自己好像做错了什么，或者伤害了父母。

特别是当成年人提出强烈反对的时候，言语之间会向孩子流露出：你不能比别人差，父母受不了。

同时，父母通过"这不是真的"诸如此类的句子向孩子传达：你不能相信自己的感知。

有时，年轻人在这些时刻也会感到与父母关系疏远："他们并不真正了解我，他们不愿意承认真正的我是什么样子的。"

我们建议您，面对孩子之间的比较现象，要冷静处理。也许根本没有必要说什么，除了一个小小的"嗯"或者"啊哈"。

当比较让人痛苦时

面对自己的缺点和不足，有时也会让人痛苦。这时，我们就可以陪伴着孩子，相信他们，相信他们可以应对偶尔出现的失望情绪。

当我（法比安）多上了一年幼儿园再去上小学时，仍然表现得明显迟钝和爱走神儿。当时有一位出色的老师，还有我的父母，不断地鼓励我，让我感觉自己做得很好。一年级结束的时候，我骄傲地拿着成绩单回家。快到家的时候，我打开信封，仔细看着那个笔迹漂亮的及格的分数。我最好的朋友看着他自己的分数，走过我身旁。当我穿过花园要回家的时候，他说："让我看看你的成绩单！"他把两张成绩单放在一起。我发现他的分数明显比我高得多，他跟我解释说，我的分数很"差"。我相信我的父母肯定说我的成绩是"满足要求"的，而且他们对此很满意，但这并没有什么用。因为我突然意识到了我的名次。我哭了一会儿，妈妈把我抱在怀里，然而第二天，对我来说，花园里的昆虫又比成绩更重要了——毕竟现在是暑假了！我的父母反应平静，相信我能够处理好令人失望的事实，这消除了我许多沉重的感觉。

近年来，我们经常观察到：父母越能承受孩子的失望和负面情绪，孩子就越容易处理好这些问题。

冷静处理"比较"这个问题

当我们更多地关注孩子的感受，而不是"比较"这件事时，我们就会越放松。如果孩子说自己很笨，其他所有人都比自己聪明得多时，我们通常会坚决否定："你根本不笨！"接着我们会开启一场讨论，在这场讨论里，孩子会固执地坚持自己的想法。

我们可以把孩子的话当作他感受的表达，并且向他表示

"我知道了"。也许我们可以说："你觉得自己笨并不是真的笨。我有时候也会有这种感受。我们会觉得自己很渺小、能力不够。"接着我们可以讲述一下自己的经历，问孩子："你想不想知道，后来是什么帮到了我？"如果孩子看到，自己的父母也有这种感觉，父母会一直陪伴着自己时，他会感到非常安慰。

我们也可以直接告诉孩子，我们相信他能够处理好这种情况。比如当儿子抱怨说，女儿在学校表现更好时，我们可以回答说："但你在体育上好得多。"但是这样说表明我们仍然停留在比较的模式中，并间接地告诉了孩子：做得好确实非常重要。

常常在不自觉间，我们助长了比较的风气。在上文这个例子中，我们的话语甚至会降低孩子学习的动力，因为我们给兄弟姐妹分配了固定的角色：儿子是好的运动员、女儿是好学生等。因此，孩子们接下来可能会退缩到他们可以发光的地方，而不是勇于探索自己向往的领域。

如果父母说："是的，你姐姐现在学习上比较轻松。但你知道吗？我为你的坚持和勤奋练习感到骄傲，即使对你来说很困难，你一直都有一颗上进的心。"也许孩子可以发展出一种力量，帮助他直面自己真正的或臆想的弱点。

给爱比较的孩子的小建议

- 孩子们喜欢相互比较，这是他们成长的一个正常阶段。如果您能保持冷静，您的孩子也会更轻松地处理这个问题。

- 比较可能会让人痛苦。要向孩子表明，您在他身边，这种情绪是允许存在的。

- 如果您的孩子还是一味地贬低自己，您可以尝试一下其他的办法，比如您可以问问他，做些什么会让他好受一些，或者跟他讲述您遇到类似情况时，怎么做对您有帮助。

- 让您的孩子知道，他足够强大，能够处理不时出现的失望情绪和自己的弱点，而不是马上逃避。

孩子对自己要求不高，
是否与父母的态度有关？

"我儿子只完成学校的基本任务。目前是够用的，但是升学的时候怎么办呢？我怎么能让他多学一些呢？"

跟父母聊到"安于现状"这个话题的时候，总是出现以上相似的看法。我们不认为这些看法适合所有的孩子，但是因为这些看法很有趣，也许能同样引发您的思考，所以我们想跟您分享一下。

但首先我们想就这个问题说些调和的话。

人有时就会犯懒

很多父母和老师都容易把孩子的行为直接同他的性格和未来挂钩。他们挂在嘴边的话是："如果继续这样，那我不看好你！"所以，那些小学阶段还有些不独立的孩子，已经听到这样的话——"以后的领导可不会什么都容忍你"。

但是事情经常不会这么发展。很多成绩好的学生在小学的时候安于现状，因为他们发现，只要他们上课的时候稍微用点心，就能掌握得很好。一旦学习要求提高了，他们才会勤奋一些。这里就有一个问题出现了，如果结果是好的，为什么孩子要付出更多的努力呢？我们也不会为了适应升职后可能增加的工作量而临时加班。

有些年轻人在青春期时对一切都感兴趣，除了学业。有一两年时间，他们整个人状态都很低迷。但在学徒期、大学期间，甚至在三十多岁时，他们会突然全力以赴。

也有一些人在整个上学期间都很努力，他们是成绩导向型的孩子，他们的高分令人钦佩——之后却会经历一个倒退。他们中有的人在中小学时压力过大，导致上大学的时候不思进取，用一种值得怀疑的方式去"弥补自己的生活亏欠"，或者导致他们无法适应职场生活。

因此我们的建议是：往后退一步，跳出事外来观察。问一下自己：孩子这段低落期对于他的整个人生而言，有哪些影响？有时您会得出结论，孩子现在努力非常重要，比如马上就要参加学徒结业考试了，必须得努力获得毕业证，那么跟孩子聊一聊就很重要。在其他情况下，您会发现，孩子目前是有点懈怠，但不用担心出现什么严重后果。

如果孩子持续很长时间都不愿意努力，那就值得认真深入地研究一下。也许他的这种行为跟您也有一定关系？

如果父母太重视智力和天赋的话，学习就会成为一种危险

令人吃惊的是，父母在谈论他们安于现状的孩子时，经常会使用同样的表述：

- "只要他想，他能做到的会更多！"
- "他有那么大的潜力！"
- "他现在没学习，就做到了。如果努力学不就……"

从字里行间不难看出，父母非常看重天赋和智力。当他们描述孩子尽管懒惰，成绩还是很好时，似乎总是带着一丝骄傲。

认为只要孩子想做，就能做得更多，这种观点使孩子陷入一种困难的境地：如果他更努力，但是没有如您所愿成为"人上人"，他可能会失去很多。孩子的潜力对父母越重要，把它耗尽的危险就越大。仿佛孩子们认为：与其勤奋而愚蠢，不如懒惰而聪明。只要做得少，至少还有种被认为是天才的可能。但如果真的用心去做，结果却不那么优秀该怎么办呢？

有一次，一个有拖延症的学生跟我们说："我总是只用一

半力，那我就可以跟自己说，如果再努力一些的话，我可以完成得更好。"

心理学研究已经多次证实了这个问题：如果表扬孩子努力或勤于练习，接下来他们会更努力。如果跟他们说，他们有多么聪明或有天赋，那么他们就会开始回避困难的任务，假如失败了，他们会感到非常羞愧。

您越能让孩子理解，能力是通过练习不断提高的，他就越不会感受到失败的威胁，也越能轻松地学习和练习。在"'我做不到！'当孩子太早放弃时怎么办？"这一节中您可以找到更多相关信息。

"我的父母完全没有生活——我不想这样！"

对于有些父母而言，工作和成绩非常重要。他们在职场上非常成功，并为此付出了高昂的代价——平日很晚才到家，周末大部分时间在工作中度过。开始时，他们的孩子同样勤奋，但后来成绩却越来越差。

青少年——或者也有父母只关注自己工作的成年人——总是跟我们讲述："我的父母完全没有生活！"或者"我的父亲从来都没有时间留给我们，对他而言，只有工作是重要的！"。不少年轻人发誓："我永远都不想变成这样！"接下来他们不会妥协，而是会坚决反对他们父母的生活方式。

如果您在这段描述里看到了自己和孩子的影子，那就把孩子的行为看作一面镜子吧。

也许您到目前为止总是呼吁孩子："你必须得醒悟，必须要学习，要知道作为成年人意味着什么。"这些呼吁也许值得思考一下，您是否真的想成为并必须成为那种忙乱的成年人——或者，如果您和孩子互为榜样，是不是也很美好。如果您能迈出第一步，那么孩子也会更容易向您走近一步。

您越能成功地给孩子树立榜样，让他看到，工作令您满足，您喜欢做自己的工作，同时也不会因为工作忽略生活中其他重要的事情，您就越不用担心孩子拒绝学习这件事。

如果孩子无所事事、毫无目标，您要冷静考虑一下，要持什么样的态度。您当时是什么感受？脑子里有什么想法？经常有压力的父母这时内心会很不安。他们不但对自己有要求，要一直做些有意义的事情，而且，如果其他人不遵循这条规则的话，他们也会变得紧张起来。很快一些念头就会充斥他们的脑子：这个孩子对学习不够上心，他以后肯定不会有所成就，他根本不理解生活的严肃性。因此孩子总是会听到父母不断的发问，比如"你还不去做……吗？""你现在已经……？"

孩子能够感觉到父母内心的不安，在跟他们的谈话中，这种情绪会流露出来，比如"我感觉，我从来没有真正休息过。我刚想休息，父母马上就跑过来，想知道我所有事情做完了没有"，或者"当我想休息或自我调剂的时候，总是良心不安。只有当家里没人的时候，我才能这样放松"。

如果您在上文中又找到了自己和孩子的影子，我们希望您能把下面这些话放在心上：请您学习享受休息时光，把一些时间分给孩子。

如果父母轻视学校制度，那么孩子就很难做出努力

除了成绩导向型父母，还有一种父母也会抱怨孩子不思进取，这种父母对自己要求不高，但总是抱怨学校的一切。

他们抱怨"现在的学校根本不允许孩子做自己"，他们不断批评学校，还要求孩子做出努力，这根本是不可能的。孩子们很难在一个被自己父母鄙视的制度下取得成功。

一个解决方案可能是寻找一个更符合自己想法的学校。另一个是，批判性地对自己的观点提出质疑，同时去发现学校和老师更多积极的方面。

如何帮助过度追求完美的孩子？

当娜塔莉放学回家时，她满脸笑容。"你今天心情很不错啊！到底发生什么事了？"她的妈妈兰伯特夫人特别想知道。娜塔莉咧嘴一笑，回答道："我们地理考试成绩出来了。"现在一个精心设计的游戏上场了：妈妈开始从4分往上猜（瑞士最高分是6分）："4分？4.5？5分？"同时，她的眼睛不断睁大，带着越来越多的惊喜之情，娜塔莉在一旁开心地一直摇着头。"不会是6分吧？"兰伯特夫人吃惊地问。"就是！"娜塔莉得意地说。然后妈妈张开双臂，拥抱自己的女儿："你开始

还以为自己考得很差呢。现在成绩竟然这么好！真的要为自己骄傲啊！"

像这样的场景经常发生。当女儿考了6分回家时，兰伯特夫人就会松一口气——如果是5分，或者是5.5分，那么这个女孩就崩溃了。接着她开始自我怀疑，感到内疚和羞愧。所有的事情都变得"糟糕"和"难堪"，然后她不断地问，自己怎么"能犯这么一个愚蠢的错误"。

当娜塔莉自我贬低、说自己愚蠢、因为自己"什么都不会"而哭泣、骂自己是"笨蛋"的时候，兰伯特夫人感到无能为力。她每次都劝女儿："这已经非常好了！其他人要有这么好的成绩，高兴还来不及呢！"但是娜塔莉听到这话后会更加生气。"好"对她来说是不够的，她必须要"完美"。

娜塔莉渴望赞扬，但却很难接受别人的赞扬。她总是在寻找赞扬后面的那个"但是"。她对最微小的批评都会十分敏感，当别人善意地提出改进意见时，她会感到被贬低和被拒绝。

娜塔莉是一个完美主义者——她和周围的人都同此抗争。

压力和完美主义者增多

在雅各布斯基金会的尤文尼尔研究4.0（2014年）中显示，大多数感到压力的年轻人表示，让他们感到压力的不是父母或老师，主要是他们自己。46%的经常感到压力的年轻人认为，这是因为他们总是想把每件事都做得非常好。他们说，永远没有足够的时间做每一件事，他们害怕未来，即使在压力下也不愿意降低自己的要求。

一项超过4万名受访者的元分析（Curran & Hill，2017）显示，在过去的30年里，大学生中的完美主义者也在增加。根据这项分析，年轻人们越来越觉得，自己无法满足对他们的要求。

高标准本身没什么问题

父母经常会担心，孩子对自己要求过高。但是研究显示，完美主义者并非在每个方面都有问题。

心理学研究对完美主义有各种定义，每一种定义都确定了不同的类型。大多数研究结果（vgl.Spitzer，2016）表明，有两个因素发挥了重要作用。

仅仅对个人要求高、追求完美看起来没有问题，有时甚至是有帮助的。这类人给自己设置了较高的个人目标，热情地投入到工作和学习中去，不断地完善自我。他们可以应对失败，从错误中得到学习。

有问题的是过于害怕犯错和他人负面评价的人。这类人通常不是自己设置目标——他们的压力更多地来源于（臆想的）他人的高期望。他们认为，为了取悦别人、值得被爱，必须要成为一个完美的人，他们将自我价值完全依附于他人的评价。

他们有时会被恐惧和担忧禁锢，以至于根本无法继续工作和学习。他们总觉得可能会丢面子，担心如果取得不了最好的成绩，其他人可能会失望，会对自己有不好的印象，或者不理睬自己。

像娜塔莉这样的孩子太注重自己的成绩了，当他们感受到一个（臆想的）失败时，就好像活不下去了一般。

有趣的是，像娜塔莉这样的孩子，往往从来没有面对过真正的失败，也从来没有体验过之后的生活是什么样子的。他们关于成绩差的想法往往是彻头彻尾的恐怖电影脚本。他们觉得，自己有义务继续他们的连胜，以不破坏整体的美好。糟糕的分数或失败就像一种耻辱，铭刻在他们以后的人生中。

在面对一些害怕考试的学生时，我们总能感受到他们的恐惧，他们认为自己在愚弄所有人，自己并不真正值得拥有好成绩。如果得到一个糟糕的分数，大家都会发现，他们"实际上并不像所有人认为的那样好"，他们"愚弄了所有人"。在研究中，这种现象被称为冒名顶替症候群（或冒名顶替现象）。

从旁人的角度来看，人们往往很难理解为什么成绩如此好的人却如此缺乏自信。让我们回忆一下在前言中引用的威廉·詹姆斯的公式。

$$自信 = \frac{成就}{要求}$$

如果要求太高，成功就不再是成功。最高分是要达到的标准，除此之外，其他分数都是失败。

对完美的追求让家长和老师感到爱莫能助

父母和老师在面对完美主义的孩子时，往往不知所措。他们大多会给孩子细数目前为止他所获得的成就，以试图增强孩子的自信。这样当他分数高时，可以来激励他（"哇哦！我就知道你可以的！"），当他分数差时，可以让他看到自己曾经的光彩。

但是，父母和老师不久就会感觉到，所有的赞扬和鼓励效果甚微，就好像在填一个无底洞。在短暂的开心或放松后，孩子的自我认可度逐渐下降，长期以来，好像进入一个恶性循环，为了能够暂时放松，孩子需要越来越多的鼓励，自我怀疑再次袭来。

通过称赞来增强完美主义孩子自信的尝试经常会强化这个问题。因为每次对优秀成绩的认可，每场关于考试、分数、优势和成就的谈话都会间接地让孩子看到：生活里最重要的还是成绩和成功。每一个向孩子的担保："你很好""你做得很棒"都在给孩子发出信号：他的人生价值取决于他的成绩。

"差"和"对"这样的词汇很重要

在娜塔莉这类孩子的脑海里，诸如好和差、对和错这样的词汇，占据了一个非常重要的地位。他们总是在批判性地审视自己和自己的成绩。他们无比重视结果，几乎不注重主题或过程。作为父母或老师，为了帮助完美主义的孩子，也不要总那么关注成绩这件事。

相反，可以把孩子的目光聚焦在事情本身：画画的快乐过程、有趣的题材、跟大家一起训练的美好时光。不要说这幅画很漂亮，而是要询问孩子使用的画画技巧，或者跟他聊一聊，为什么这个主题引起了他的兴趣；不要对孩子的作文成绩表示惊讶，而是要读他的文章，并跟他就作文主题进行交流；您可以向孩子提问，而不要对结果进行评判：你觉得这个怎么样？你是怎么成功的？哪里你还想修改一下？这样您就可以鼓励孩子自己去评判，培养自己的评价标准，而不是不断地问其他人是否对自己满意。您也间接地向孩子传达了：对于我来说，重要的是你的思考角度和你的感受——我不是来评价你的，你也不需要赢得我的注意。

面对失败的时候，您可以问下孩子，此刻什么可以帮助到他，并同他一起做些什么，而不是一直讨论这次考试。借此，您就向孩子表明：即便目前在"成绩方面"不那么顺利，仍旧可以享受彼此的美好时光，体验美好的事情。告诉孩子，他可以有失望的时候，但是爸爸妈妈知道，这只是生活的一个小片段，十年以后，没有人会关心这件事。如果孩子能够知道，自己的一些假想，诸如"所有人都很震惊，他们会不理睬我"，是完全站不住脚的，将会十分有用。

为了祈求认可，孩子会做出反抗

如果您要改进这些方面的教育，首先得做好应对孩子反抗的准备。如果对孩子优秀成绩的认可减弱，对他们的成就相应地降低重视，完美主义的孩子会暂时变得没有安全感。比如，您跟孩子讨论，这幅画在他心里产生了什么触动，想知道他是怎么实现这种效果的，孩子可能就会问："是的，但是你觉得这幅画漂亮吗？现在就只说它好不好！"娜塔莉这样的孩子需要时间来参与这样的对话，需要时间来发现自己喜欢和感兴趣的东西。

为了保护自己免受完美主义的负面影响，像娜塔莉这样的孩子必须要练习自我共情，这样会非常有帮助。在这个过程中，作为父母应该提供怎样的帮助，您可以在"自我共情：培养一个充满爱的内心"这一节中获取更多答案。

"要是头没长身上，
你会把头都给丢了！"

秋季假期，我（法比安）自己一个人带着两个孩子去博登湖玩了几天。我的妻子玛雅陪我们去公交站，盯着我说："法比安，别忘了箱子！"我恭恭敬敬地点了点头，和孩子们上了公交车，然后又坐上了火车，几分钟后我发现行李箱落在公交车上了！我赶紧给玛雅打电话，她跑去找，那辆公交车正要运行下一趟，还好最后找到了箱子，她把箱子带去火车站，放到了下一趟去苏黎世的火车上，然后我和孩子稍后再去取。挂了电话后，我儿子担忧地问我："爸爸呀，你真的不傻吗？你整天想那么多事，但就是不想那些必须要想的。"

几乎没有一个星期，我不把手机、背包、围巾、夹克或其他什么东西落在火车上、咖啡馆或公司里。在这一点上，我衷心地感谢所有那些可爱的人，他们基本上总能让这些东西找到回家的路。

我的健忘伴随着我的整个生活。当我脑子里想着其他事情、思考某个主题、自己出神或沉浸在谈话中时，总是会出现这种情况。

如果您有一个健忘的孩子，很有可能，您也逃不过提升接受力和耐心的练习。接下来，您将会了解一些很有效的建议。这些建议可以让您的孩子少丢点东西，多点专注的状态。

为什么你这么健忘？

耽于幻想的孩子经常会被问到这个问题。但是没用。最好同孩子一起思考："为了让你在正确的时间思考正确的事情，必须要做些什么？"

通过进一步的观察，我们发现，"思考"是一个复杂的过程，对我们要求很高。首先，我们必须意识到，自己正处于一个必须思考具体问题的情况中。然后根据情况，我们必须激活我们的目标或形成一个内在意图，并要求自己采取行动。在这样做的时候，我们必须把注意力集中在这项任务上，直到它完成，不允许自己分心。

我们拿最容易被忘记的健身包举个例子。我们思考一下：为了不出差错，孩子必须要做什么？他必须最晚在早饭后提醒自己："今天是周二，有体育课，我需要带上我的健身包。"然后找到它并装好。现在孩子走到走廊里，穿上夹克和鞋子。在这里，他必须再次激活一下自己的想法"我必须带上健身包"，否则他会系好鞋带、起身、离开。作为一个喜欢忘东西的孩子，他不能让健身包脱离自己的视线。也许他会想："我绝对不能把包放到座位下面，我可以把它放到膝盖上！"这时，另一个孩子坐了过来，开始跟他聊天："你昨天看蜘蛛侠了吗？好酷啊……"然后校车停了，这个孩子为了穿上夹克，不得不放下健身包：现在他必须在合适的时刻从蜘蛛侠的对话中抽出身来，并检查一下："我拿上所有东西了吗？书包、健身包、手套？"他起床还不到一个小时，就已经要提防好几个可能丢失健身包的情况了。

如果我们没有形成一套习惯做法的话，就会很容易丢东西。比如书包，孩子们每天都必须要背，因此就形成了下意识的动作，不会忘记。而像围巾、手套或者健身包这些偶尔才会带的东西就很难不忘。

在以下三个方面，健忘的儿童会存在一定的问题：

1.在恰当的时候记住自己的某个意图。

2.在目标实现之前，把注意力集中到这个目标身上。

3.不被其他事情分心（比如穿衣服的时候，被另一个孩子的话题吸引）。

训练思考

如果提醒一下健忘的孩子，或把健身包挂在门把手上或把书包放在门口，会很有用。您可以告诉孩子这些方法，慢慢地让他自己使用这些方法："马上收拾好明天的健身包，然后把它挂到门把手上。"

但是要特别注意上面说的三点建议。

为了让孩子在适当的时候记起自己的任务，它们必须要有提示性。比如，以前我（法比安）在做完报告后，经常忘记笔记本电源线或者手机。出现这种情况大多是因为，我整理东西时，总有人跟我说话。斯蒂芬妮教我了一种"回头看"的方法。当我当天上完课，离开房间时，我会转回头环顾一下，彻底地检查一下所有的东西。

这时，有两个策略帮助了我，您也可以让孩子练习一下：想象一个所谓的"如果-那么计划"。一个"如果-那么计划"将一个情境和一种行动连接了起来：如果出现情况X，那我就会做Y。在"回头看"这种情况下：每当我要离开教室的时候，那我就再回头看一下，检查自己是不是带上了所有的东西。

我们可以在想象中练习这个"如果-那么计划"，可以进行多次想象，比如如何结束一堂课、收拾东西、走到门口，然后对自己说：等一下！回头看！然后，就发现了还在插座上插着的电脑电源线。

在这个例子中，门就成了一个信号，一个在合适的时刻结束对话或幻想的信号，这样我们就可以想起"回头看"这个动作。一位参加过我们研讨课的妈妈曾跟她儿子描述过一个类似的流程，把教室门当作一个魔法门，只有借助一个咒语才能打开："我记着所有的东西，我带了所有的东西。"与此同时，再检查一下作业本上的记录，然后才能出门。

还有一个类似的方法是将行动连接起来，直到它们形成一个固定的序列。我（法比安）小时候用过这个方法，为了记住带健身包或外套，在系鞋带的时候，我提示自己："系鞋带，起身，转身，从挂钩上拿东西。"这套流程我在家进行了多次

"无实物"练习，直到感觉自然为止。

让我们来总结一下，如果您这样做，就可以帮到孩子：

- 和孩子一起寻找一个情境或动作，作为提醒点（每当我……）。
- 然后将它与一个行为连接起来（……然后我……）。
- 通过角色扮演，同孩子一起训练这套流程（铃响了，装好自己的东西，同时思考是否遗忘什么东西。走向门口，再回头看一下。对自己说：每当我走到门口的时候，我就回头看一眼，检查自己是否带齐了所有的东西。现在再检查一次……）。

这种方法有助于处理所有经常发生的情况，您可以为这些情况做相应的准备。

此外，还有很多例外情况，您的孩子在未来可能还会忘记一些事情——对于所有这些情况，我们希望您和您的孩子都能做到平和而冷静。

如何帮助耽于幻想的孩子？

作为耽于幻想孩子的家长可不容易，必须得不停地提醒他所有可能发生的事情，跟他一起计划、筹备和行动，在最后的紧要关头帮他找自己找不到的东西，所有事情得说三遍，还要处理不断出现的怒气。

也许我们总会担心：孩子会成为一个什么样的人呢？要是他心思总在别处，又怎么能完成学业呢？如果他自己连最简单的指令都无法完成或需要很长时间才能完成，所有的事情都会忘记，所有的东西都会丢，未来在职场上又将如何立足呢？

救命，我的孩子耽于幻想

通常，学校里的反馈特别让人不安。如果孩子在学校里"虽然可能会，但就是不好好听，反应太慢了"以及"课堂上总是跑神儿"，父母应该怎么办呢？

父母压力很大，孩子的情况也没有得到任何改善。孩子可能整天听到这样的话："你就不能快点儿吗？""现在真的不是玩儿的时间！""你又盯着空气发什么呆？""你手套又丢了？你难道觉得我们是百万富翁吗？""看，其他人已经快要结束了，你还完全没开始"。

很多耽于幻想的孩子很敏感，他们不断地对自己的未来担忧。他们想取悦周围的人，但是做不到。他们感觉所有人都想从自己那里得到一些东西，但是这些东西他们没有办法提供。这会导致一种巨大的痛苦，让他们感到自己做"错"了。

这种痛苦往往被外人低估。也许正因为这些孩子压力太大，才逃避到自己的幻想世界中，然后看起来好像任何事都不能影响他们，任何想让他们改变的呼声他们都充耳不闻一般。

如果再认真观察一下，我们会看到这些孩子中的许多人是多么沮丧和伤心啊！

如果日常生活让人疲惫……

这些耽于幻想的孩子很少会感到无聊。他们通常可以自己玩儿数小时，很少需要外界的刺激。如果他们被允许按照自己的节奏做喜欢的事情时，看起来那么全神贯注、聚精会神，以至于几乎无法从中抽身。他们的想象力和内心世界的丰富度总是会让外人惊叹。

但是，这种孩子却受制于一个期待他们效率高、反应快的社会，这个社会用规划、待办清单以及堆积如山的任务压得他们喘不过气来。在这个世界里，人们要警觉并专注地完成外界分配的任务；在这个世界里，由时钟来规定人们的节奏；在这个世界里，要充分利用时间，以实现越来越高的目标；在这个世界里，嘈杂而繁忙，人们坚持自己的观点，坚持自己的立场。

对于这些耽于幻想的孩子来说，日常变成了勇者的生活。几乎所有现代世界对我们的要求，对于他们来说都需要付出特别的努力。

如何帮助这类孩子？

如何才能帮助一个耽于幻想的孩子呢？首先，您可以帮助他更好地适应外部世界的要求：

- 将一个过程中的每个步骤如"装书包"或者"整理房

间"可视化，比如通过图文并茂的检查单来实现。

- 在睡觉前，让孩子像看电影一样，想象那些重要事情的画面。
- 给那些孩子不喜欢的任务设置一个时间节点，并以可视化的形式展示，如借助一个计时器。
- 引入简单的整理系统，如用不同的收纳箱装玩具和学校材料，或用颜色编码来表示不同科目的材料。
- 通过写下任务和日程，帮助孩子减少记忆工作，根据孩子的年龄，可进行拍照或记到手机里。
- 与孩子一起制订计划，并将任务分解为清晰的步骤。

其次，更重要的是，要给孩子机会，让他摆脱日常生活的挑战，从而得到一定的休息。如果您的孩子在学校度过了紧张的一天后不想谈这个问题，您可以有意识地退后一步。也许您可以说："我想你需要休息一下。"您要确保孩子有足够的休息时间，在这段时间里，他可以不用盯着钟表，而是可以不受干扰地做自己喜欢的事情。您在旁边陪着就可以了：许多爱幻想的孩子都很享受这样的时刻，和父母在同一个房间里，彼此之间不需要互动，当他们读书、搭建乐高或画画时，父母也在阅读、在厨房里忙活或做自己的工作。

最重要的是：要接受这个事实，您是无法改变孩子的

耽于幻想的孩子总是会听到这样的威胁："如果一直这

样，我真的不看好你。"这背后的意思是：孩子必须首先成为一个不同的人，才能在成年后取得成功并获得幸福。我们在工作中一次又一次地遇到持这种态度的父母。

这种要求孩子改变的愿望不仅不能实现，而且还是不必要的。耽于幻想的孩子通常生活杂乱无章、节奏缓慢且容易走神儿。即使在将来，他们也会很容易忘事儿，缺少计划和规划。

尽管如此，他们也不需要彻底改变，而是需要认识自己、接纳自己。他们必须清楚自己的优点是什么，并培养和放大这些优点。他们也必须研究自己的弱点，并找到处理这些弱点的方法。

左耳进右耳出？
请修改谈话的剧本

对于老师和父母来说，不认真听讲的孩子是巨大的烦恼。我（法比安）对此的认识来自我个人的经历。直到今天，我还记得，我的幼儿园老师站在我面前，生气地警告我："法比安！你在听吗？！"

我并不是个调皮的孩子，我只是脑子总会跑到别处。早上大家围成一圈听故事，我只能专心听三分钟，然后就会自己想，接下来会发生什么呢？

有些孩子耽于幻想，特别是青少年，有些则会把父母隔绝到自己的世界之外。我们作为父母应该怎样做，才能让孩子专心听我们说话呢？

一个沉迷幻想的孩子如何学会倾听

这种沉迷幻想的风格至今仍伴随着我。这种行为常常惹得那些对我很重要的人大为光火。我儿子当时三岁，他凭直觉探索到跟我这种人的交往方式。当我沉迷工作或看书时，他会悄悄溜到我身边，把手放我膝盖上，然后等待，直到我把目光转移到他身上。然后他说："爸爸"，接着是一个极具艺术性的暂停，这是在给我时间，让我点头。第二次，他开始预先警告："我想跟你说点事儿……"，为了显示他的严肃，他再次强调："这件事儿有点长。"有的时候，我甚至有种感觉，他是不是偷偷读了我的心理学书籍。无论如何，他很好地内化了"行动代替谈话"的原则：首先他通过身体接触，把我拉回现实，然后建立目光交流，来确认我在认真听他说话，接着说出他的计划，并给我机会，让我做好思想准备。

我们也可以遵循一些交流准则，比如蹲下来和孩子平视，跟孩子先进行目光交流或身体接触，以确保小孩子在注意听，这样，与孩子的谈话质量通常会得到明显提升。

如何让青少年学会倾听？

青春期孩子的父母通常有种"对牛弹琴"的感觉。有的孩子不易接受父母好的建议，他们不明事理，执拗冲动。很流行的一种解释是，十几岁孩子的这种行为跟他们的大脑发育有关。

因此在父母跟他们谈话的时候，他们会自我屏蔽，至少偶尔是这样，因为他们觉得大人没什么可说的，或者他们的话没什么听的价值。有些青少年不好好听，是因为他们觉得，自己就不被倾听和理解。他们的印象是，父母只对他们实现什么目标感兴趣，只对他们应该如何思考、如何行动感兴趣。

年轻人是需要父母的，但是他们也想走自己的路，想拥有并能够代表自己立场的观点，他们不想成为父母的附属品。如果他们能感受到父母在认真对待自己，至少在尝试融入自己的世界时，他们就愿意敞开心扉、认真倾听。从青少年的角度来看，同父母的谈话通常是这样的模式：

儿子："所有人都去参加这个聚会。如果只有我不去的话，我就变成边缘人了。"

父母："上学很重要。如果你想以后找到一个好工作的话，就得努力学习。"也许这期间还会有一些别的话。但是通常孩子会很清楚谈话结果是什么。这时，自然而然就出现了一个问题——为什么要进行这次谈话？

家庭内部的很多讨论就好像有人写好的剧本，一遍又一遍地上演，重复的对话，一如既往的结局。

请您修改这个剧本

如果同孩子的谈话像固定的剧本，那您可以做两件事情：

保留自己的台词，并寄希望于对方的突然改变，或者改变自己的角色，期待戏剧反转的惊喜。

第二种方法更有趣，会给整件事情带来活力，但是首先您要拿到一个有趣的新角色。如果您发现，迄今为止您像一个检察官一样，给孩子带来了巨大的压力，或者像法官一样评判孩子的行为，那么现在您就可以变身为一个侦探的角色。您要通过调查询问，增加对孩子的了解。您可以尽可能客观地探究孩子行为背后隐藏着哪些动机，他的出发点是什么，目前什么对他最重要，以及为什么他很难接受您的建议。

您可以想象自己是一名记者，要写一篇扣人心弦的报道，内容是关于某个正在进行的讨论。您要描述里面不同的角色以及他们的行为，对您自己要使用第三人称：丽塔走进儿子的房间，扑面而来一股运动鞋的臭味，夹杂着男孩儿的体臭。她开始对孩子大喊："怎么又这么乱？！你就不能偶尔打扫一下吗？看这儿臭成什么样了！"她的儿子双臂交叉到脑后，身体靠在电脑椅上，脸上带着挑衅和轻松的表情，背景音乐是电脑游戏的声音。就是这个姿势，触发了丽塔的怒火……您第二天可以再来看一下这个剧本，也许您会哑然失笑，然后思考，怎么来修改一下这个过程。

您也可以承担孩子律师的角色，整理一份激情洋溢的辩护词，比如，孩子为什么对友谊和玩耍比对学习更感兴趣。这不是说，您退出自己本身的角色，而是说，转换一下思考角度，更有助于对自己的论据进行深思熟虑或者提出一些不同的观点。

简而言之，有时进行一些换位思考是非常值得的，可以发现哪些剧本令人不愉快，如果稍微修改一下的话，哪些地方会变得更有意义，更有趣。

如何让孩子变得更自立？

一个周六的早晨，八点钟，我（法比安）四岁的儿子偷偷溜下床。我又睡了一会儿。半小时后，这个小家伙儿满意地站在我的卧室门边："快看，爸爸，我自己一个人穿好衣服啦！"事实上，他甚至把毛衣扣子和腰带都系好了！然后他的表情从自豪转为担忧："但是爸爸，你知道什么才是最难的事情吗？什么是我很长时间都学不会的事情吗？就是自己一个人睡觉。"

在我们的工作中，总是会遇到一些担心自己孩子不够独立的家长：孩子在放学后被单独谈话，做作业的时候总是寻求帮助。

连我（法比安）都被要求让孩子多一些独立性。儿科医生对我和我的妻子说，我们的孩子应该学习自己睡觉，并向我们推荐了那本备受争议的书——《每个孩子都可以学会入睡》。但我们并没有遵循医生的建议。

不能强迫孩子独立

独立在我们的文化中是一个重要的品质：当我们的孩子成年时，他们要能够适应一个复杂的世界，自主做出决定，自主设计人生。

但是独立的能力不是一蹴而就的，不是通过强迫，也不是通过对孩子放任不管形成的。它是在亲密关系中、在彼此信任中发展起来的，是要给予孩子足够多的机会，让他独立做事情锻炼出来的。这个节奏由孩子自己设定——而不是某个标准或规范。

独立形成于亲密关系中

在同父母的关系中，孩子越有安全感，就越能更好地同父母分离，去探索自己的世界。如果孩子知道：当我需要帮助时，我的父母就在那里；当我感到不安心时，他们会帮助我；当我必须吐露心声时，他们会认真倾听。那么这个孩子才能够独立地尝试新事物，积累自己的人生经验。

相信父母和其他成年人能够给自己提供安全和亲密的感觉，是一个孩子独立自主的基础。

很多孩子即使到了小学阶段也需要这种亲密感。如果他们考前复习有人陪的话，就能够更好更成功地独立学习。您可以和孩子一起坐在桌前，完成自己的工作，如回复邮件、支付账单，并且告诉孩子，您在他身旁，和他一起工作。

独立形成于信任中

孩子需要对父母的信任，以获得安全感，同时父母也要对孩子和他的生活能力足够地信任，才能放开手，让他能够学会独立。这种信任感不能只通过肤浅的"你可以做到"表达出来。它要基于一种感受，即认识到孩子终归要走自己的人生道路，同时允许他犯错和走弯路。这种信任感让我们始终有一种跃跃欲试的期待："我们要不要看看，孩子能不能完成？"要允许孩子进行尝试和犯错，并相信他能处理好失败和挫折，要让孩子明白："如果不成功，我们可以朝前看，尝试一些其他的事情。即便总是失败，我们仍旧可以向往生活。"

当孩子不会自己穿衣服，不想自己一个人上学或者在学习上需要帮助的时候，您可以留意一下自己的感受和想法。您是不是很紧张，您是否感到有压力，认为孩子应该已经能够做到这一点？是否上次家长会上"孩子必须要独立完成家庭作业"这句话仍然在您耳边回响？因为孩子对您的劝说毫无反应，您是不是感到沮丧或愤怒？与您的言语相比，孩子对您的感受反应更强烈：如果孩子发觉，自己的父母感到不安心，那么他自己也会变得没有安全感，同时开始寻求亲密和支持。

在这种情况下，您可以尝试一些新的东西。您可以把自己的不安全感表达出来，激起孩子的好奇心："嗯……这很难……我不知道你是否能成功完成，但是你可以尝试一下，我会在这里陪着你的。"

当孩子自己完成某件事情时，要跟他一起开心，即使他把毛衣穿反了，做错了几道数学题或者把煎饼烤煳了，您都要抵制住自己想要补救的渴望。

独立形成于自由的环境中

除了信任，孩子还需要机会和时间进行自我认识和尝试。在同其他人自由自在玩耍的时候，这一点最容易实现。那时所有孩子都必须提出建议，在小组中坚持自己的想法并赢得他人的支持。他们必须要做出决定，不时地坚持自己的观点或做出让步。他们必须经受失望并重新振作。

在美国，孩子业余时间的规划方式让儿科医生协会不得不发出警告。这些专家指出，当我们剥夺了孩子自由玩耍的时间时，就剥夺了他们童年最重要的一部分。

德国儿科医生赫伯特·伦茨·波尔斯特关注了类似的现象。他在《人类的儿童》（2016）一书中写道："我们首先从孩子们手中夺走了森林，接着是草地、后院、耕地，然后是街道、小巷和花园。自20世纪70年代以来，可以用于儿童户外游戏的场地面积减少了90%。"

作为父母，我们可以思考一下：我的孩子有足够的机会自由自在玩耍吗？他有没有时间和机会跟其他孩子一起玩儿，同时旁边没有任何成年人在那儿指手画脚、照看他们、插手他们的游戏？只有当进行不带任何教育目的，不是经过深思熟虑、精心策划和由成年人指挥的项目或练习时，孩子们才能学到更多。给予孩子一片自由的空间变得越来越难了，因此积极地投身其中，同孩子一起寻找这种可能性是十分值得的。

独立形成于能够克服困难时

我们也可以把孩子生活中出现的问题看作一种机会。它们给孩子们提供了一个训练场，用于培养重要的解决问题的能力，从而变得不依赖父母的帮助。

有一位心理学家曾经说过："仙女给孩子放到摇篮里最美好的东西，就是那些他一生中必须要克服的困难。"

通常，我们不这样认为。如果出现一个问题，我们就会有一种紧迫感，必须得马上提出一个解决方案，但这时我们最好退一步。因为在每个困难的解决过程中，孩子都做出过重要的贡献，这些困难能够增强他的自信心，使他有能力应对未来的压力。作为父母，我们可以注意不要让孩子独自面对困难，但也不要过分帮助。

如果您愿意的话，可以在孩子遇到下一个难题的时候，采取一个简单的问题解决策略。它分为五步：

1. 让孩子描述这个事件："问题具体是什么样的？"

2. 制定或搜集可能的解决方法，并不加评判："我们可以做些什么？"

3. 对建议进行评估："我们哪个想法最好呢？"

4. 选择一个或多个解决方法："我们可以实行哪些方案？"

5. 将计划付诸实践并进行评估："这个方案怎样才算成功？我们要不要试下其他方法？如果可以，尝试哪一种呢？"

有些孩子需要更多的时间

最后，我们想说一些个人的想法：生活不是一场竞赛，赢家不是断奶最快的人，不是独自睡觉的人，不是不尿床的人，不是能在朋友家过夜的人，也不是从家里搬出来的人。

在我们的社会中，人们对独立赋予了很多意义，有时候甚至太多。在这个过程中，父母往往会产生错误的关联：如果我们尽早推动孩子们独立，那么他们成年以后就会更自立。

近年来，许多地方的入学时间被提前了。突然间，不到四岁的孩子就必须面临我们在五六岁时要应对的要求。我们不能把26个不到四岁的孩子放在一个房间里，由一个幼儿园老师带着，并期望像瑞士这个阶段常见的那样，实施一个教学计划，由幼儿园老师在22个能力领域对孩子们进行评估，并提供个性化的发展机会。如果我们想让儿童更早进入学校，那么我们必须要让外部条件和教学计划适应孩子的发展水平，而不是增加对孩子的要求。这需要大量财力和人力，但这一定对我们很有价值。

让孩子更自立的小建议

- 让孩子知道，您陪伴着他。您可以邀请孩子一起工作和学习，而不是让他一个人在屋里做作业。让孩子看到，即使他在玩儿的时候，您有时也在旁边陪着他，但不会催促他。
- 让孩子感受到，如果他敢于独立尝试某件事情时，您为他感到高兴，认可他的自豪感，以放松的态度来应对结果。

- 向孩子展示如何解决问题。帮助孩子，但不要太多。
- 保障孩子拥有足够的自由空间。在无人看管和没有计划的游戏中，孩子可以尽情尝试和探索。

怎样正确地奖励孩子？

我们应该奖励孩子吗？为什么呢？因为听话？因为成绩好？这个问题引发了人们广泛而激烈的争论。

当奖励活动仍然是很多教育培训课程里的固定环节时，出现了一些不同的声音，他们把所有形式的奖励"妖魔化"，甚至把奖励看作一种现代化的惩罚。我们也经常被问到对奖励的态度。我们的建议是，对待奖励，一定要深思熟虑。无论孩子还是大人，奖励都可以作为一种支持，就像是一根拐杖，让我们更容易地前行，直到我们的双腿拥有足够的力量来支撑身体。特别是当某些事情最开始时很难推进或令人不愉快，但随着练习的增加，不断带来乐趣时，另当别论。

什么时候奖励才有意义？

比如一个女孩不擅长阅读。她读得非常慢，还会卡壳，慢慢地，她越来越抵触阅读。为了提升她的阅读能力，我们建议她在暑假里每天阅读15分钟。但是她觉得这件事情很困难。因为假期前她几乎已经把所有的字母都忘光了。在阅读开始时，有两个小小的奖励可以减轻这个女孩的压力。

第一个奖励是，父母同意和她轮流阅读。女儿先来阅读，读几行后，由妈妈或爸爸读这一页剩下的部分。她可以靠在椅子上欣赏故事。这种奖励很有意义，因为它同具体的事情产生了直接的联系，同时还可以向孩子表明：通过阅读可以欣赏到美妙的故事。

第二个奖励是，她可以自己决定是否要在假期中阅读。如果她为此放弃了宝贵的自由时间，相应的，她可以在晚上多玩儿半小时——这样总体上她并没有减少玩儿的时间。同时，我们告诉这个女孩，这个"交易"当然只适用于自愿的额外的练习——绝不可能扩展到像家庭作业这些任务上。接下来，大多数时候，她选择了阅读和晚上多玩儿半小时。

要注意让活动有价值，而不是奖励它

奖励往往给人一种暗示：你必须做这件不愉快的事情，然后得到一些回报。例如，我们经常在有学习障碍的儿童身上看到，他们带着很大的压力练习。每天都要与父母发生冲突，批评、训诫、威胁、凶狠的目光和不耐烦经常伴随着这些情景。结果，为了让孩子继续学习，父母还会用越来越多的奖励来收买孩子。

在此很重要的一点是，作为家长，我们必须问自己：如何才能使阅读或任何其他活动变得有价值？通过阅读孩子感兴趣的书籍？通过记录他的进步？通过给孩子一个爱的眼神、一个微笑、一句好话？不要用"不！""又错了！"或"集中精力！"这些话来回应错误，而只是陈述正确的解决方案？

女孩儿的父母会特意把氛围设置得轻松一些，以使阅读更加有趣。他们设立了一个舒适的阅读角，阅读女儿选的书而不是"有意义"的儿童读物，谈论书中的内容而不是纠正阅读过程中的错误。尤其重要的是，父母改变了自己的态度。他们不再执着于"我们的女儿无论如何都必须提升自己"这样的要求，而是更重视这个过程：我们每天一起阅读15分钟，父母的任务是，让它成为美好的15分钟。

随着阅读技巧的提高，这个女孩儿愿意自己阅读更多的内容。在新学年开始的时候，这个"交易"开始改变了：即使在上学期间，她也可以晚15分钟关灯。然而前提是她必须在八点半上床，但仍可以浏览自己选的书。

几个月后，父母发现他们的女儿晚上躲在被子里，拿着手电筒看她目前最喜欢的书，这时他们注意到女儿对阅读的态度终于改变了。

在这个例子中，我们看到奖励是一个有价值的"拐杖"。由于女孩的弱点，阅读最初并不令她喜欢，反而让她感到疲惫。通过奖励这种方式，增加了阅读的吸引力，直到她的阅读技巧有了很大的提高，从而让她觉得阅读是一件有趣的事情。

奖励可能会有意想不到的负面作用

当孩子已经喜欢做某件事情时，应谨慎使用奖励。在这种情况下，额外的奖励会破坏原来的、内在的动机。这个过程被称为"腐败效应"。

例如，孩子对某项运动充满热情，成绩逐步提高，并开始赢得比赛，那么与运动的快乐相比，以奖杯和奖牌为形式的奖励会越来越多。只要有成功的希望存在，孩子就会有额外的动力。但如果突然失败了，孩子可能不再像开始时那样对这项运动充满热情了。因此，当增加了一个额外的奖励，而这个奖励在一定时间后又被取消时，问题就会出现。这个奖励的取消会被孩子视作一种惩罚。

当我们想帮助别人时，奖励会产生更多的负面作用。这方面的一个例子是，一个孩子为他的祖父母修剪草坪，因为他想为他们做点事。如果祖父母因此给他5瑞士法郎，这个孩子可能就会从那一刻起不再修剪草坪了。

奖励会破坏初衷

祖父母为孩子的工作"付了钱"，反而挫败了他想帮忙的原始动机。就孩子的付出而言，如果祖父母能够开心，并且孩子自己有一种成就感，那么这件事对他来说就是值得的——但为了5瑞士法郎而工作，对他来说则太辛苦了。

奖励也可能变成错误的激励。管理良好的中小企业往往可以依靠其员工的忠诚度。他们通过归属感、共同的目标和价值观来激励自己。追求利润最大化的大公司试图通过奖金来留住和激励员工，其结果往往是每个人都只考虑自己，为了获取更多的收入，他们会很乐意跳槽到公司的竞争对手那里。

家庭和学校的奖励制度可能以这种类似的方式破坏了孩子

本身的集体感。许多家长发现，在最初的激励阶段过后，孩子们只想着自己的积分，要求越来越大的奖励，而且当要求他们帮忙的时候，他们会问："我能得到什么回报？"

孩子需要父母和老师与他们建立联系并引导他们：如果我们将这一任务托付给奖励制度，就会削弱我们的重要性，削弱我们与孩子的关系。

关于奖励孩子的小建议

- 谨慎而有节制地使用奖励。
- 注意：奖励要尽可能地与具体的事情产生直接联系（如阅读）。
- 让孩子知道，奖励只适用于特定的时间和特定的情境。
- 尽量不要对孩子喜欢做的事情进行奖励。
- 不要因为孩子为他人做了好事而奖励他，只需为此感到开心并表达感谢即可。

让孩子合作而不是顺从的方法

我（法比安）的叔叔以前有句口头禅："骂我也不疼，打我时间也不长，他也不能杀了我。"在必须得去上学的时候，他每天早晨念叨着这些话，尝试着鼓足勇气去学校。在学校里老师问："你学这首诗了吗？背一下！"如果他想不起来或者忘记了家庭作业，那么他的小学老师就会拿手杖打他一顿。

这种惩罚方式被容忍，且作为一种有效的教育方式被大肆宣扬，还没过去多长时间。这种教育的最高目标是听话，想要的是能够服从的孩子。

现在，大多数父母和老师都会拒绝这种教育方式。我们不想要听话的孩子，我们想要的是活生生的孩子。我们不想要听从命令的孩子，我们想要的是有道德底线的孩子，他们有思考的能力，有形成自己意见的能力，有保持个人边界的能力。我们希望孩子们做出某种社会行为是因为他们能与他人产生共鸣，而不是因为他们害怕惩罚。

然而，这一愿望给我们带来了许多挑战。作为成年人，采取这样的立场很简单。我们知道什么是正确的。"你必须服从我们，如果你不服从，我们也会让你服从"，在这种情况下，我们不需要质疑自己。这里适用最强者法则，我们可以不假思索地行使自己的权力。

当孩子们挑战我们时，当其他一切方法似乎都归于失败时，当我们作为家长或教师压力过大或感到被逼无奈时，我们可能会希望恢复这种简单的教育方式。

我们的脑子里突然冒出这样的想法：

- "你就不能按我说的做一次吗？"
- "为什么你的脑子里就没有这个东西？"
- "你把我整节课都给搞砸了。其他孩子也受了很大影响。"

正是因为这些时刻，对惩罚手段的呼声才越来越高。我们必须"采取强硬手段"，来让孩子听话。大家开始辩论，说孩子和青少年"完全没有尊重人的意识"，把家长和老师不放在眼里。

在这种情况下，我们要意识到，我们不想通过恐吓和羞辱来强迫孩子顺从自己。而用合作代替顺从的前提条件是，我们有共同的目标，我们相互信任，我们要一起找到关注不同需求的方法。

同孩子形成这样一种关系，需要成年人具备很高的灵活性、共情能力和创造力。这是一场要求颇高的冒险，可能不会总是成功！

接下来我们想向您介绍一些替代惩罚性和羞辱性措施的方案。我们希望，您可以从中找到一些建议，来丰富您的教育方式。在这种情况下，我们认为，您相信自己的理智和直觉是非常重要的。

特别是那些非常重视教育的父母，他们内心该做和不该做的清单越来越长：不能惩罚，不能表扬，必须始终冷静地、平和地做出反应，不能对孩子大喊等。有时候，这种情况会发展到父母甚至不敢批评孩子，不敢赞美孩子，也不敢表现出自己的愤怒，父母为了尽力避免犯错，不断质疑自己，让一切变得不那么真实。

让我们来看看有哪些替代惩罚的方法，要知道没有一种方法总是奏效或合适。

逻辑后果

通常我们会推荐把逻辑后果作为惩罚的替代措施。孩子应该从他行为导致的逻辑后果里吸取教训。在我们看来，如果有明确的、有逻辑性的自然规则，这种方法就绝对有效：如果我招惹到了一只马蜂，它就会蜇我；如果我骑自行车太快摔倒了，我就会疼；如果我摸热锅，手就会被烫伤……我们可以向孩子解释这些关联。尽管如此，如果孩子还是要做这些事并经历相应后果的话，我们能做的就是安慰他们。

当告诉孩子这些自然规则时，让他们知道逻辑关系很重要。很多父母跟我们说，他们孩子早上总是磨磨蹭蹭。但当我们问到孩子是否迟到过时，大部分父母都表示没有：他们会保证不出现这种情况，不想给幼儿园老师留下不关心孩子的印象。

在这种情况下，我们可以让孩子迟到一两次，经历一下错过幼儿园早晨活动的感觉。中午的时候，父母可以拥抱着孩子说："很遗憾你错过了早晨的活动。我们必须得注意，早晨得按时出门上学。"

从当时情况里产生的，必须是真正的逻辑后果。如果不是这样，就会出现问题，像上面这个例子，因为孩子并没有真正迟到过，他并不关心是否迟到，也不知道迟到意味着什么。如果逻辑后果太遥远，孩子无法看到，也会出现这种情况。例如，一些年轻人并不认为学校的成绩很重要，直到他们意识到拿着糟糕的文凭找工作有多么困难，只是这时已经太迟了。

在这种情况下，父母往往采用"你必须"或"不允许"的伪逻辑后果，例如，"如果你不做作业，就不允许你出去。"父母在这些情况下仍然觉得他们是在使用逻辑后果。然而，孩子们却认为这些是惩罚。

当我们把情况套到成年人身上时，就会清楚地认识到，孩子承担的是自然的逻辑后果，还是基于父母实施惩罚的权力而产生的后果。"如果碰热锅的话，会烫伤自己"适用于孩子和成人，"如果磨蹭，就会赶不上火车"也是。"只要你不打扫厨房，就不准去运动"，这个规定的性质却不一样。

我们并不是想说，父母必须完全放弃这些规定和要求。而是必须要知道，这些规定会让孩子觉得是惩罚，特别是当伴随着"我跟你说过……"或者"这就是你……的后果"这样的话时，更是如此。

逻辑后果这个方法并不是万能的，我们再来看一些其他的选择，进一步丰富我们的方法库。

维护自己的边界

人们需要生活在一个他们能够理解的、在某种程度上可以预测的，并能找到支持的世界中。为此，孩子需要看得见摸得着的照顾者，他们最好是有个人界限和情感的人，是真实的、能坚持自己观点的人。

为了让孩子懂得其他人也有需求，而且这些需求应该得到尊重，他们身边的大人必须是那些知道并能保持自己界限的人，他们可以说"不"，并能明确表明"到此为止，不要再继续下去了"。

我们可以通过制定一条规则或达成一个协议，把自己的这些界限表达出来。

然而，如果我们想让孩子为未来的成人生活做好准备，就不应该只让儿童学习如何在僵硬的规则体系中生活。例如，今天大多数人的工作场所已经不再受到严格的管制，重要的已经不是按照规则去适应环境了。

在职场中，能够共情他人的感受，对复杂的情况做出灵活的反应，提出自己的立场和想法，使个人的表达同对方以及具体情况相协调，已经变得越来越重要。恰恰是这些能力，孩子本应该从父母身上就能学到。

举个简单的例子：我（法比安）跟一个叫诺拉的朋友见面，她的两个孩子也跟着，一个五岁，一个两岁。孩子们冲到游乐场玩儿，我们则在一旁聊天。几分钟后，大女儿跑过来想跟诺拉玩儿。

在一个注重孩子服从成人的世界里，她或许会温柔地跟孩子指出这条规则——"当大人说话时，小孩儿不能打断"。但是相反，诺拉轻轻地握着女儿的手，注视着她说："你知道的，我不经常跟法比安见面，现在我想跟他聊一会儿，明天我可以再跟你玩儿。"她的女儿又试了一次，诺拉说："不行，现在我想聊天。这里有很多其他小朋友，你可以跟他们一起玩儿。"小姑娘没精打采地慢吞吞地从那儿走开了，几分钟后，她又重新投入玩耍当中了。

当分享这些例子时，我们总会收到这样的反应，比如："现在所有事情都需要进行彻底的讨论才能进行吗？"或者"如果我说了什么，就得这样做，不需要任何解释！"

但其实并不是这样。告诉孩子如"当大人说话，小孩儿要安静"这样的规定可能会更快奏效，看起来孩子会听话和服从。但是，这并没有让他为适应一个复杂的世界做好准备。维护自己的界限意味着真诚地、平等地对待孩子。作为父母，我们也有权利坦诚并坚持自己的感受。如果我们认真对待孩子的需求，那么当我们表达自己的需求时，他们也能以同样方式处理，比如我们说：

- 我很累。你可以让我睡一会儿吗？也许你可以在我睡的时候听会儿广播剧？
- 你这样做我很生气。
- 现在我想安静地看半个小时书，你这半个小时能玩儿点什么呢？
- 真是让人筋疲力尽的一天，今天我没有什么耐心了。

渐渐地，孩子就能越来越好地跟他人产生共情，同时培养出一种受用终生的能力。

寻找好的理由

有的时候需要认真地思考一下"为什么我的孩子会这样做"，同时找出问题的根源，是很有帮助的。有时我们发现，孩子没有其他选择，或者自己处在他的位置上也会这么做。在一次学校的进修活动中，有两位老师说有个患多动症的男孩儿"行为十分不当"。尤其成问题的是，这个男孩完全不能从惩罚措施中吸取教训。上次犯错后，他被罚帮勤杂工打扫两个小时的树叶。他自愿多打扫了一个小时，直到工作完成，垃圾桶装满。然后他满头大汗，满意而自豪地回家了。

现在该我们从中学习一下了。为什么惩罚对这个男孩儿来说偏偏成了一种美好的经历呢？从这次失败的惩罚中，难道我们不能学习一下，如何稍微调整一下课程来符合他的需要吗？

提到为什么男孩儿这么愿意帮助勤杂工的问题时，老师们说了下面几点原因：

- 他看到自己工作的具体成果，并为自己完成了所有的工作而骄傲。
- 他的能干和勤劳得到了勤杂工的认可。
- 他可以全身心投入到活动中。
- 他可以同勤杂工建立良好的关系——这位工人简单粗暴，但以讨人喜欢的方式，以及明确的指令让他印象深刻。
- 这位勤杂工赋予他责任和信任："你打扫这边，我扫那边。"
- 此外，"要做得像勤杂工一样快"的想法也在不断激励着他。

得到认可、拥有成功的经历、同成年人建立良好的关系、被人信赖以及给予积极的期待等所有这些都是课堂所缺少的。

那个下午我们都在思考，如何将这些带到课堂上。最后我们做了一张挂图，上面写满了很多好的建议以及具体的实施计划，这些建议和计划将由老师们在课堂上进行实践。

"困难"的孩子通常就是遇到困难或者处于困境中的孩子，是那些每天都感到自己与他人不同、无法融入、无法得到满足的孩子。当问题出现的时候，我们经常会考虑，如何让这个孩子做那些我们想让他做的事情。当我们能够问一问自己，他究竟缺少什么，他究竟需要我们提供什么帮助时，才能够达成更多的目标，满足这个孩子更多的需求。

有时，影响孩子行为的，可能只是一些简单的事情。如果自己的孩子行为不恰当，我们可以思考一下：

- 他是不是饿了或渴了？
- 他累了吗？
- 是不是对他来说事情太多了？（太多新内容、太多挑战、太多人、太嘈杂？）
- 他是不是缺少什么？（缺少关注或认可？他是不是觉得无聊了？）
- 也许孩子没有更好的选择？（如果他被激怒了，那他可以做什么呢？特别是当只要他一寻求帮助或逃避矛盾，就被当作打小报告的人或者胆小鬼的时候？）

您可以跟孩子探讨一下，他这样做很可能有充分的理由。孩子们的反应因情况而异：有时直接说"是"，有时是调皮的微笑，然后又是眼泪，因为他终于可以说出困扰他的事情了。

直面问题、摆出事实

特别是当孩子似乎要让您为难的时候，有时不要绕弯子，直接跟他谈，会很有帮助。

曾经有个男孩儿来我（法比安）家，就把我逼到了极限。他接二连三地闯祸，取笑我女儿的表达，当我警告他时，还对我挤眉弄眼地坏笑。我真想大吼他一顿，然后把他送回家，我感觉很无助。吃晚饭时，当他正要做坏事儿时，我忽然想起了一位老师跟我说她是如何处理这种情况的。

我严肃地盯着这个男孩儿说："你能跟我说说，你想做什么吗？你的目的真的是要把我惹生气吗？"起初，他只对我咧嘴一笑。接着我又追问："我现在就要你回答，这是你的目的吗？"然后，男孩儿的反应让我很吃惊。好像他意识到了，现在已经不是在开玩笑了，已经触碰到我的底线了。

重要的是，这种对抗不是在讨论"你是否想惹恼我"这个话题，而是作为一个严肃的问题，目的是澄清彼此之间到底发生了什么。通过这种方式，孩子明白他在被认真对待。

也许您现在要思考一下，如果孩子说"是"的时候，应该怎么做呢？我们也问了这位老师。她接着跟我们讲述了一个总是在她课上捣乱的男孩儿的事情。下课后，她把这个男孩儿留在教室里，直接对他说："我感觉我们两个相处得不是很好，你总是想激怒我。"这个学生点点头，表示同意。

现在事情就已经摆到明面上了，两个人对整个情况都很清楚了。接着她说："咱们关系这么差，我感觉很遗憾，我想改变这一切。你怎么看？"这个男孩儿嘟囔道："我也是。"面对毫不掩饰的坦诚，恰恰只有青少年会表现得积极。他们已经习惯了成年人拐弯抹角的说话方式，因此希望更真实一些。

只要我们明确表明有兴趣建立一种良好的关系，就可以时不时地进行开诚布公的交谈。

坚持不懈

有时候，坚持会很有用。

我们对孩子解释自己的期待以及原因。之后我们不会每次都进行新的讨论，而是通过我们的态度表明，有些事情对我们很重要。

比如我（法比安）记得，我儿子小时候有一次突然就不愿意让我们给他刷牙了。然后我对他说："我们必须得刷牙，每个人都要刷牙，不然牙就坏了。"他不再说话了。我坐在卫生间等待。五分钟后，我儿子说："你在做什么？"我回答："我在等你啊，我必须得给你刷牙。"他想让我给他讲睡前故事。"我很愿意给你讲，"我说，"刷完牙马上讲。"他又走出卫生间，开始玩乐高积木。五分钟后我坐到他旁边。他问："你现在要讲吗？"我说："刷完牙后我再讲。现在我要拿我自己的书看了。不然我等你太无聊了。"

十五分钟后的事情是这样的：他让我给他刷牙了。三天后这已经不再是个问题了。

重要的不是对他说："如果你不刷牙，那我就不给你讲故事。"如果他拒绝的时间太长，我也许就会放手，给他讲故事，并对他说，我们第二天再试一试。

我想告诉他的是："这很重要，我们必须这样做。"当然，这背后也有一些压力。作为成年人，我们知道需要刷牙，确保孩子没有蛀牙是我们的责任。作为父母，我们可以向孩子说明这一事实，而不是威胁他或惩罚他的"错误行为"。

坚持需要一点勇气，因为它要求我们坚持我们所说的话。因此，我们不应过于频繁地使用它，而只应在某件事情对我们真正重要的时候才使用。

补救

通过惩罚我们想达到什么目的？通常我们想让孩子看到，他的行为不符合规则，应该改变自己的行为。

同时，刑法机关和教育学不断指出，惩罚一般无法让人实现预期的目的。它们经常会导致愤怒和报复的心理。惩罚通常只能抑制某些行为，只有实施惩罚的人在场时，他们才会表现得"听话"，但是在没人注意的时候，他们又回到了旧的模式中。在"结束校园霸凌，使用无责备干预法"这一节中我们已经对此进行了详细陈述。

如果我们想让孩子不仅仅在表面上符合社会秩序，而是获得一个真正的改变，那么他：

1. 必须要能理解他的行为伤害了别人。

2. 要感到后悔。

3. 有改变自己和进行补救的愿望。

也许您看到第二点时，有点小小的犹豫。其实放弃惩罚并不意味着不让孩子拥有任何适度的不愉快的感受，只是这个适度到底是什么？例如，布琳·布朗、朗达·L·迪林和琼·坦尼等研究人员强调，对于自己犯的错误，应该负有歉疚感或羞愧感。这两种感受中哪一个占主导地位很重要。那些首先感到羞愧的人会想："我错了！"他们觉得自己不被接受、不值得被爱。他们的自尊心受到了伤害，容易陷入退缩、回避、掩饰等状态中，产生心理障碍。

那些首先负有歉疚感的人会想："我做错了！"这种感觉同样不好受，但是它会激励我们去道歉，寻求补救措施，主动承担责任，改变我们的行为，具有很强的社会适应性。

作为父母，我们可以以一种健康的方式陪伴孩子消解负疚和后悔的感觉，并同他一起思考如何道歉，如何补救。也许我们可以问：

- 发生了什么？
- 你觉得，那个孩子现在怎么样？
- 如果有人这样对你的话，你会有什么样的感觉？
- 你当时感觉怎样呢？
- 你如何弥补这件事情呢？

孩子会感到：我犯了一个错误，但是尽管如此，我的父母仍站在我身边，他们能够接纳我，他们期待我能承担责任。

第 2 章

如何交朋友，孩子成长的必修课

对孩子来说，
友谊意味着什么？

当我们思考如何让孩子面对生活变得坚强时，不要忘记，对于孩子来说，同龄人跟父母同样重要。

友谊为孩子提供了绝妙的机会，以满足孩子对亲密关系和认可的需求。通过这样的方式，友谊对孩子的健康成长做出了巨大的贡献。我们通过研究得知，拥有良好社会关系的人享有更高的生活满意度、更好的身体和心理状态、更强的自尊、更多的生存意义，甚至更长寿。因此，友谊在人的一生中意义重大。

小熊维尼一语中的："没有朋友的日子就像锅里没有一滴蜂蜜"。

友谊在您的童年和青少年时期有什么样的地位？花点时间，回忆过去。让那些令您感到特别快乐、自由和无忧无虑的时刻或者那些特别激动和兴奋的经历翱翔在脑海中。您将徘徊在一个场景中，环顾四周：谁在那里？您要和谁分享这些经历呢？

也许您脑海中会出现自己的兄弟姐妹、父母和祖父母，但很可能还有来自您生命中不同阶段的朋友。您还能记得您的第一段友谊吗？它是不是仍然存在呢？您和谁经历过最大的冒险？您和谁分享了这些大大小小的秘密？和谁在一起，您可以完全做自己，而又是谁从您身上发现了新的特质？

这里我们想讨论为什么友谊对孩子来说那么重要，这给我们成年人又提出了哪些任务。在这一背景下，我们采访了多名儿童。这些谈话和记录能够告诉我们，在生命的历程中，友谊的概念是如何变迁的。

友谊意味着：一起去做喜欢的事

孩子在很早的时候就已经建立了对"友谊"最初的认识，通常在幼儿时期，孩子就开始把小伙伴称作朋友。这个过程中，有两条原则发挥了作用，且在人的一生当中都意义非凡：彼此见面的频率和共同的活动。为了成为好朋友，我们应该做些什么？6岁的米拉回答道："多在一起玩儿。"她最好的朋友就住在隔壁，她们从小就认识。

在2~3岁的时候，其他孩子（小伙伴）已经成为孩子成长的重要促进力量。但是对很多家庭来说，定期跟其他孩子交流很难办到。在这种情况下，托儿所可以作为一个重要的聚集地，在那里小孩子们可以建立自己第一个朋友圈。

随着年龄的增长，孩子之间在其他方面，比如分享乐趣、互相支持以及彼此交流变得重要起来，但是一起玩耍长期以来都是这个阶段建立友谊的决定性因素。9岁的梅奥和10岁的斯密安也这样认为："一个人要想成为别人的朋友，必须要跟他一起玩儿。"

以下是我们的采访记录：

5岁的加布里埃尔说："当大家能一起做所有的事情时，才是最棒的朋友。"

加布里埃尔，请讲讲你是怎么认识你最好的朋友洛维斯的。

我去上幼儿园，他也在那儿。我没什么其他可以说的啊，他就是我最好的朋友。

你们都做些什么，你喜欢他什么？

我们喜欢在操场上聊天，一起出去郊游。我们最喜欢去湖边，那里有很多贝壳。我们是朋友，因为我们彼此那么相似，并愿意一直做同样的事情。

怎么才能找到一个朋友呢？

必须去有很多孩子的地方。可以送一份礼物，制造一份巨大的快乐，或者邀请别人参加生日派对，必须要做些别人喜欢的事情。

男孩儿和女孩儿也能成为朋友吗？

不能，男孩儿和女孩儿喜欢做的事情不一样。如果他们都想做自己愿意做的事情，就完全不想在一起玩儿了。除非是兄弟姐妹，那样就很棒。女孩儿想要公主的东西，男孩儿更想要骑士的东西。有时候骑士玩具里也有公主——那样就可以。

怎样会失去朋友？

如果不一起玩儿或者他们搬家了。有时朋友之间老是吵架，他们就不想做朋友了。你们现在问完了吗？

你还知道什么其他与友谊相关的重要问题吗？

我得想想……对了，怎样才能拥有一生的朋友？

这是一个非常好的问题。你是怎么想的？

必须要搬到另外一个人住的地方去，必须要不断地了解对方。

如果另外一个人搬走了，可以打电话吗？

不行，那样的话不能维持友谊。只有当大家能一起做所有的事情时，才是最棒的朋友。

友谊意味着：归属感

在建立友谊的过程中，儿童不仅获得了一个玩伴，而且还获得了一个与他们有特殊关系的人。能够体验到自己与另一个人的关系如何才能变得更加牢固，一个人如何变得对另一个人更加重要，一个人如何获得进入另一个人世界的机会，这是一件多么令人兴奋、多么美好的事情啊。对于14岁的卡贾来说，好朋友是"我可以在她面前做自己的人"。关于她的闺蜜茉莉亚，她写道："我可以信赖她，她总是能理解我，她是我可以百分之百相信的人。"

作为父母，我们要让孩子的玩伴在我们家里感到受欢迎，并在我们的生活中占有一席之地，可以通过这样的方式来支持孩子的友谊。

即使是小小的回应也很重要。比如要说些"很高兴你来了。劳拉一直在期待和你一起度过这个下午"这样充满善意的问候，或者在游戏时间送点小点心，来表达您对孩子们的友谊感到高兴。

我们还记得小时候，在朋友的父母那里拥有很多小小的特权。当我们第一次被留下来吃晚饭、过夜，甚至被朋友邀请参加他的家庭郊游或家庭聚会的时候，感觉有多么特别。当朋友的父母一段时间后用"你们"来称呼我们，当我们可以不按门铃就进屋的时候，对我们来说，都是一个个小小的幸福时刻。

友谊意味着：划清界限

儿童之间的友谊在很早的时候就会产生一个让父母头疼的地方：他们会明确表明，谁不是他们的朋友。友谊链，特别的打招呼手势，相似的穿着和发型，只允许在亲密朋友间使用的绰号或者密语等都加强了"我们"的感觉，同时将外界排除在他们的友谊之外。他们还会特别强调彼此的共同点。10岁的路·安娜就说自己最好的那些朋友跟她完全一样，都是一些"怪诞的人"。男孩儿喜欢的是小集体的友谊，界限不是很清晰，而对女孩儿来说，专有性和绝对的忠诚显然更加重要。通常情况下，女孩儿能明确说出，谁是她永远的最好的朋友。

在幼儿园时期，孩子们就会以一种令人惊奇的微妙方式，有时是令人讨厌的方式表明，在朋友关系的序列中谁处于哪个位置。我（法比安）的妈妈曾经是幼儿园老师，她跟我们讲了三个女孩儿的故事，她们三个坐在桌子旁边穿珠子。突然一个女孩儿对她的朋友说："我们坐对面！"另一个女孩儿也想加入，尝试着说"我也和你们一起坐在这里"。这时，第一个女孩儿轻蔑地看了她一眼说："好的，但是我们面对面坐，你只能坐在旁边。"

这种时刻是很伤人的。也许我们会思考，如果自己的孩子这样排斥其他人，是不是我们做错了什么，或者当孩子不能加入进去一起玩儿的时候，是否会觉得这是一种明目张胆的不公平。遇到这些情况时，如果父母意识到"通过跟外界划分清晰的界限，来提高他们友谊的吸引力"是孩子的一种天然需求，那就会很有帮助。同时，父母的责任是要关注这种趋势，不要让它酿成霸凌，要重视公平和相互尊重。

友谊意味着：彼此参与，共同贡献想法，协商妥协

"总是你说了算，我不想跟你一起玩儿了！"尽管这种反馈会让人痛苦，但它们对孩子很重要。在我们关于儿童友谊主题的调查中，几乎所有小学年龄段的孩子都强调：当你想找到朋友的时候，不"烦人"有多么重要。孩子们所谓的"烦人"指的是比如打电话来说的太多，让别人生气，问都不问就要一起玩儿，哪怕说"停"也要继续，以及不能等待轮到自己的时候再玩儿。

为了在社会这个舞台上能够应对自如，孩子们很需要其他孩子的这些反馈。慢慢地，他们就会培养出一种设身处地为他人着想、懂得分享、愿意等待加入游戏、与其他孩子轮流当头儿的能力。

年幼孩子的友谊通常很短暂，最重要的是要能在一起玩儿，但是慢慢地，关系本身的特质就会凸显出来了。讨论分歧、争吵后重归于好、协商妥协等对孩子来说更加重要。13岁的提保也是这样。他认为友谊意味着"团结、信任和看到对方的喜悦"。他曾经也真的跟一个朋友大吵了一架。他的解决方

法是："我们把这件事搁置了几天，然后在冷静的时候讨论了一下。"

如果大人把孩子的时间进行了彻底的规划，规定了所有的活动，一旦出现冲突的苗头，就马上插手的话，孩子几乎不可能培养出这种能力。

为了在社交领域更有安全感，更有能力从容面对，孩子们必须要跟不同的孩子相处成千上万个小时。这个过程中，他们最重要的经历来源于自由的玩耍和在小圈子里不被父母照看的时光。只有在那里，孩子才更需要产生自己的想法，说服别人，确定规则，重视规则的遵守，在团体中找到自己的位置，以及独立解决矛盾。父母和教育机构最重要的任务之一就是给孩子提供体验这种经历的可能性：一方面给他们创造自由的空间，另一方面自己要退居二线，不要急于插手。

孩子在教育机构（比如托儿所、全日制学校或者校外托管机构）里度过的时间越多，对于自由玩耍和自由相处价值的认识就越充分。幸运的是，最近几年里这种认识在逐渐增强。有些幼儿园开展了"无课程表日"活动，把所有的玩具收起来三个月，为孩子的想象提供更多空间，或者每周开展一次"森林学习日"活动。

教育主管部门推出的日间学校准则规定，学生可以自由玩耍或待在安静的房间里。伯尔尼教育局的指导方针甚至明确指出，日间学校的儿童应该有"时间和空间可以无所事事"。

作为家长，我们可以通过要求提供适当的服务并对实施这些服务的机构表示赞赏和支持，以积极促进这一规定的持续履行。那些努力想要给孩子创造更多自由空间的幼儿园园长、个别教育人士以及学校的校长，通常要顶着巨大的压力来做这件事情。之前我们访问苏黎世的一个托儿所时，在晨间活动之后，我们和这些一岁半到三岁的孩子一起制作一个营养金字塔。没有一个孩子理解这个活动是做什么的，于是我们练习了很长时间，直到孩子们能够把带着不同食物的彩色小卡片放到正确的位置上。我们很疑惑地问其中一位老师，这个活动的目的是什么。她回答道："我们这个地区有很多满怀抱负的父母，晚上放学后他们总是想知道孩子今天学到了什么。"

有很多父母，特别是受过很好教育的父母，缺乏对"孩子学习"的理解，或者理解片面。他们想看到的主要是那些可见的知识的增长，如果孩子进入小学时就已经会阅读和写字的话，他们就会有成就感。很多日常生活的片段能够促进孩子对社交行为的学习，但长久以来，它的价值被低估了，直到孩子在这方面显示出了困难，父母才意识到其重要性。

父母每一个积极的反馈，每一份鼓励，对于老师和教育者来说都是十分必要的支持，有了这份支持，他们才能顶着批评的声音继续坚持下去。

以下是我们的采访记录：

10岁的里昂说："我们学校里最受欢迎的是那些很会玩儿、从不烦人的孩子。"

里昂，跟我们讲讲你的朋友们吧。

瓦伦丁是我最好的男孩儿朋友，莉娜是我最好的女孩儿朋友。他们都是一样的。

我在很小的时候就认识莉娜了。我们一起去幼儿园，小学的时候她跟我坐同桌。但是之后老师把我们分开了，因为她发现我俩老说话。

瓦伦丁是我钓鱼的时候认识的。我爸爸和他爸爸是朋友，他们总是一起去钓鱼，我也经常跟着去。有一次瓦伦丁也去了，然后我们在水边一起玩儿哨子球。从那以后我们就是朋友了。

你觉得莉娜和瓦伦丁最棒的地方是什么？

瓦伦丁年龄跟我差不多，我喜欢的游戏他几乎都喜欢。我们最喜欢玩儿哨子球或大富翁，不过是用一种很好玩儿的方式。有一次我们俩觉得特别无聊，就先玩儿了一下普通的大富翁。我们觉得游戏里应该有一些钱，因此我们掏出了所有的现金，说："我们现在可以买下所有的东西了，包括游戏里的人物。"这就是我们的游戏。我们也喜欢交换玩具汽车。瓦伦丁和我总是要协商，哪辆车更值钱，但到最后我们通常会达成一个公平的交易。我最喜欢莉娜的地方是，她有时也会一起和我玩儿男孩儿的东西。我们一起骑自行车或者一起去游泳。

莉娜和瓦伦丁是你最好的朋友。你刚才谈到了"男孩儿的东西"。男孩儿跟女孩儿的友谊有什么区别吗？

当然有区别了。女孩儿更喜欢玩儿娃娃，男孩儿则更喜欢玩儿乐高或汽车。除了我的朋友莉娜，她也喜欢玩儿男孩儿的东西。在学校里，如果我跟女孩儿交朋友的话，其他人会觉得很奇怪，然后他们就会嘲笑并说一些难听的话。一般情况下，接下来我们就不一起玩儿了。现在莉娜在学校里大多跟女孩儿一起玩儿，我跟男孩儿一起玩，有时我和她也一起玩儿。但更多的时候，我们会在下午回家的时候一起玩点儿什么。

为了成为一个好朋友，你会做些什么？

我尝试不和朋友争吵，保持友爱。如果有人惹了我的朋友，我会上前去支援。比如冬天的时候，我们在学校里堆了一个大雪堆。莉娜和我爬了上去，但是我们班几个男孩儿想把莉娜拉下去，并用雪球砸她。然后我就站在她面前，告诉那些人，他们必须停下来。

你要怎么做，才能让别人成为你的朋友？

就是得一起玩儿。如果不认识那些孩子，也可以走过去问："我能一起玩儿吗？"因为我们学校最受欢迎的那些孩子，他们能玩儿得很好，并且不烦人。

父母要做些什么，才能让孩子找到朋友？

嗯……对我来说，比如他们允许莉娜来找我玩儿。通常我们会在学校里约好做某件事，然后问我们的妈妈行不行，或者爸爸带我去钓鱼、带我去游泳，那里也有其他孩子可以一起玩儿，又或者周末的时候让我去邻居孩子那里玩儿。

友谊意味着：可以彼此倾诉内心，倾吐秘密

"我得跟你说点事儿，但是你不要告诉别人！"尤其是女孩儿，她们期待能跟最好的朋友们倾诉所有的事情，并且相信朋友会为她保守秘密。那些在家里不能说或不想说的话题在这里找到了一席之地。对于大多数青少年来说，同龄人会变成身边最重要的人。

对一些家长来说，这带来的挑战就是，必须要接受自己不

再是孩子遇到麻烦时第一个联络的人。在很多问题上，孩子也不会再咨询父母的意见。特别是那些目前跟孩子维护着一种友好且亲密关系的父母，有时甚至会觉得自己被粗暴地赶下台了。父母经常会产生嫉妒的感觉，有时父母需要一些时间来接受"自己不再是孩子生活中最重要的陪伴人了"这一事实。

友谊意味着：发现自我、发展自我

为了更好地认识自己，找到自己的身份，我们很需要其他人。朋友在此时起到了重要的作用，他们通常是建议者、亲切的批评者以及自我行为的一面镜子。在友谊中，我们能发现自己身上的很多东西。

不同的社会心理学家共同指出，友谊之所以这么宝贵，是因为友谊能够使我们自身得到发展：即友谊使他人的某些个性特征在我们自己身上产生共鸣，激励我们进一步发展自己。

友谊可以让我们接触新的兴趣和活动，更重要的是，友谊可以让我们同各种各样的人、思想和价值观相遇。

请您再次回想一下孩提时的友谊或者仔细审视一下您现在的友谊。请您思考一下："从这段关系中我学到了什么？这个人如何丰富了我的生活和个性？"

如果能花五分钟时间做这个练习的话，您很有可能会发现，友谊对您影响有多大。也许您还会吃惊地发现，这些影响有多么不同。

因为父母越来越意识到友谊的影响有多大，在最近几年中，发展出了另外一个趋势：在玛格丽特·施塔姆教授指导的弗兰兹研究中，61%的父母表明，在业余活动时间，他们会有针对性地推动孩子同其他的一些孩子交往，一些在他们看来可能会是优质朋友的孩子。

与此同时，很多父母也提出了这样的问题：如果他们对孩子的朋友不满意的话，应该怎么做？

在这一点上，父母最好退居二线。当这段友谊确实是一种不良关系的话，或在这段关系中孩子明显受到伤害或者成长受阻时，我们才可以插手。比如孩子为了融入一个朋友圈，被蛊惑参与犯罪或攻击性活动，或者被强迫做那些他不想做的事情。

在这种情况下，父母可以跟孩子谈论自己观察到的事情，说出自己具体的担心，态度明确地指出自己对孩子交友时哪些方面不赞同。正如我们在"群体压力：我的孩子不会说'不'？"这一节里说过的，孩子这时经常会陷入自我矛盾：一方面这些被"禁止"的事情有一定的吸引力，以及想要参与其中的压力；另一方面当他们做了越界的事情时，那种不适感和负疚感咬噬着他的内心。如果父母能成功地在谈话中发现孩子内心的那份纠结，那么他通常会愿意跟父母一起寻找解决方案。

但是经常有一些小事让父母感觉不舒服。比如，父母会生气于他们内敛害羞的孩子非要跟班里那个最吵闹、最野蛮、最强势的孩子交朋友。一位妈妈说："这两个孩子根本就不搭。我根本看不下去我的女儿被一个蛮横无理的小子颐指气使。"

在这些情况下，我们应该弄清楚"自我发展"的概念并思考："为什么这段友谊令孩子这么着迷？从这段关系中孩子能学到什么？"很有可能孩子被吸引到，是因为她的朋友总是表现得自信满满、勇于坚持自己的想法，以及能够主张自己的主导地位。

这个朋友可以是一个典范，同时也可能是一个摩擦的来源。一方面，一个害羞的孩子可以从一个粗鲁的朋友那里学到如何对自己负责、赢得别人的支持和做出决定；另一方面，在这样的关系中，孩子也可以学会如何保持自己的界限，并在别人不经自己同意做决定时，能够为自己辩护。

这样的友谊带来了紧张、冲突，甚至情绪起伏。如果父母能够将这种友谊看作是生活的丰富元素，并能充满爱意地陪伴女儿一起调整情绪，她就能从中成长。

例如，父母可以不时地与孩子讨论如何保持界限："科琳真的很固执，反对她很不容易，但我知道，你们的友谊经得起考验。"同时，父母还可以指出这个朋友的优点："在面对男孩儿的时候，科琳为你们辩护的方式，真的很勇敢。"

必须一次又一次地谈论这样的话题也许会让父母感到疲惫。但是，举例来说，如果不是与一个果断的孩子交朋友，一个过度配合与顺从的孩子还能在哪里学会坚持自己的观点呢？把他身边所有那些粗鲁和霸道的人赶走，是最佳的解决方案吗？

朋友是幸福童年的一部分

友谊不是对所有孩子来说都是同样重要的。有些人需要身边有一大群朋友，这样他才会感到舒适，有些人则拥有一个亲密的知音足矣。一些孩子喜欢生活里的每一分钟都跟朋友一起度过，而有的孩子每周跟朋友一起待几个小时就已足够。

但是，对大部分孩子来说，快乐的生活都同友谊密不可分。友谊给我们的孩子带来了那么多美好的时刻、分享的经历和妙不可言的回忆，因此我们大人应该尽全力为孩子的友谊创造一个良好的环境。我们要做的是在适当的时候退场，减少孩子的课外安排，并且要坚信孩子们会为自己寻找成长所需要的东西。

孩子怎样做才能更容易找到朋友？

孩子想要有融入感，想交朋友，想和其他人交流，想和小伙伴一起玩，但不是所有孩子都觉得跟他人交往是件容易的事情。对于有些孩子来说，接近别人时，总会有种不安全和害怕的感觉。他们总是会问自己："要是其他人根本不想跟我玩儿，该怎么办？"

诺埃米（9岁）的这种内心纠结就特别明显。她会站在窗前，偷偷地往楼下看，院子里邻居家的小孩儿在玩跳皮筋儿和捉迷藏。"你下楼去问问，可不可以加入他们"，妈妈建议她。诺埃米吓了一跳，说："我还得做作业呢。"诺埃米的妈妈完全不能理解，她接着说："作业可以晚会儿做。你就直接去找他们，问他们能不能加入！这能有什么事儿呢？顶多他们拒绝你不让你玩儿。"

　这样的争吵不是第一次发生。妈妈试图鼓励诺埃米，女儿却是一副抵抗的态度。一个说："他们不会让我跟他们一起玩儿的。"另一个说："你不试试怎么会知道呢？"

　如果您的孩子也是这样害羞腼腆，父母能做些什么呢？

您的孩子也在忍受这样的痛苦吗？

　作为父母，在您做无谓的担心之前，先问问自己：如果您是孩子，在这种情况下痛苦吗？不是对所有孩子来说，友谊都具有同样的重要性。有些孩子在一大群人里会开心不已，有些孩子则会觉得孤单，或者他们觉得跟一两个熟悉的朋友在一起会更舒服一些。

　比如，内向的孩子并不是不愿意跟其他人交流，他只是需要把更多的时间留给自己。外向的孩子在人群中会能量满满，但内向的孩子只有在自己一个人看书，或者跟熟悉的朋友一起玩乐高，又或者在户外进行一些探索性活动的时候，才会兴致勃勃。

　群体环境会让内向的孩子身心俱疲。因此在幼儿园或学校里喧嚣一天后，他们自己首先会想躲起来，安静一会儿。外向的父母很难理解自己内向孩子的行为，对于他们来说，内向的孩子沉默而难以接近。于是父母就会给孩子报一些社团或假日营，或者催促孩子邀请朋友来家里，以逼迫孩子维系跟更多人的关系。

但这样做恰恰会适得其反。如果我们要求一个内向的人做出一些外向的行为，他们一定会感到痛苦。罗温·雅克·汉密尔顿团队的一项研究也证实了这一点。研究人员要求150名受试人一周内"尽可能勇敢、善谈、开朗、主动、自信"地同别人进行交流。实验结果表明，性格外向的参与者从这项任务中十分受益，他们在这一周里感觉良好，但是，性格内向的参与者却抱怨这项任务不真实且令人疲惫。

父母越深入了解孩子的性格，就越能发现，安静的孩子拥有很多美好的品质。这些孩子经常能够很好地专注于自身，更容易投入到一件事情之中，虽然他们朋友不多，但通常都是关系最好的。

理解是关键

如果您的孩子想要更多地跟人交往、拥有更多的朋友，您可以支持并帮助他。越融入孩子的内心并尝试理解他，您就越能发现，他需要什么以及什么可以帮助到他。

同别人建立交往是友谊的第一阶段，也就是要走近他人，同他们交谈或做出约定，这件事情对于内向和害羞的孩子来说尤其困难。您想让孩子的这个阶段变得简单一些吗？那么您可以认真思索孩子的意愿，询问他的难处。比如，如果诺埃米的妈妈说："你可能很想和小朋友们一起玩儿……但是你有点害怕下楼，是吗？"那么诺埃米就会觉得妈妈说出了自己的心声，自己跟妈妈的交流也会更容易一些，可能她就会好好回答："是的，要是他们不让我一起玩儿，我该做些什么呢？"这时，妈妈就要设身处地想一下，被人拒绝该有多难受，特别是当孩子几乎没有朋友的时候，接下来妈妈就要同孩子一起想解决策略。

可以思考一下，作为成年人，遇到类似情况可能会有什么样的感受、会怎么做。

假设，您刚搬家，想和新邻居认识一下，您会怎么做？当您在街角咖啡店碰到三个女邻居，您会不会直接走过去说："我可以坐下来一起聊天吗？"

很可能不会！因为这太令人讨厌了。另外，在这个脑补剧中我们会发现，如果其他人拒绝你该有多尴尬。

那么您会怎么做呢？也许您会拿张报纸坐到旁边的位置，对着那个曾在游乐场见过面的妈妈点头打个招呼，或者简单自我介绍一下。您可能会看会儿报纸，在邻桌聊天的间隙，转过头问他们个什么问题。也许这时，其他人就会邀请您坐过去了。如果没有，那您对这些妈妈也熟悉了一点，下次见面时，再交流就会容易一些。

您可以跟孩子讨论一下这些方法。比如："你可以带着自己的跳皮筋儿下去，把跳皮筋儿绑在柱子上自己玩儿。可能其他人就会来问你，要不要一起。也许他们得见你几次，才会和你一起玩儿。"

您也可以和孩子一起思考，怎么跟别人建立交流："你会说什么呢？你可以问其他人什么问题呢？"

孩子如何更容易跟别人交往？

降低内向和害羞的孩子跟别人交往难度的，往往是一些小事。有时孩子可以通过父母来认识别人。例如，诺埃米的妈妈可以邀请邻居喝咖啡，这样孩子们就能互相认识。如果诺埃米按响邻居家的门铃，向小朋友提出一个具体的建议："我们周三下午去树林里玩儿。你想一起去吗？"这可能对诺埃米来说也更容易。

最后，我们可以给孩子提供一些"破冰工具"：能分享的零食或邀请小朋友一起玩儿的玩具，如水球、羽毛球拍、一个球或水枪。

有计划的课余活动，比如参加俱乐部或培训班，可以让孩子通过共同的兴趣爱好认识其他人。您还可以跟孩子一起思考，怎么邀请这些同龄人来家里做客。

怎样鼓励孩子无压力地去接近其他人？

父母们会说，"你直接过去就好啦"或者"别想那么多，他们一定会非常友好的"，这种建议或保证会让像诺埃米这样的孩子压力上升到极点。

当认识其他人的机会来临时，您可以给孩子积极的提示，给他充满爱意的鼓励，这样做才会更有帮助：

- "那个女孩老是朝这边看，我觉得，她可能想和你一起玩儿。"
- "快看，他也在看《小屁孩日记》。"
- "你愿意和她分享一些你的饼干吗？我觉得，她肯定会非常开心的。"
- "那个男孩玩儿这个很好，是不是？也许他可以教教你怎么做！"

- "哇，他们在那儿玩球呢。你想不想坐游乐场边儿上看一会儿呢？可能中场休息后他们需要增援……"

年龄小点的孩子的父母通常可以先发起一个游戏，然后再慢慢退场。我（斯蒂芬妮）还记得，我们全家第一次度假是在意大利。当时，父母给我和哥哥在沙滩上堆了一个大大的沙堡，还挖了一条水沟，我们乐此不疲地用海水把它灌满。接着我们又挖了一些排水槽，在里面可以滚玻璃弹珠玩儿。有几个孩子特别好奇，他们先是远远地看，然后就走近了我们。我的父母问他们："你们也想玩吗？"一边说着，一边把剩下的弹珠也分给他们，并给他们让开了一点位置，不一会儿我们就开始融洽地一起挖沙子了。假期剩下的时间里，我们就获得了一些新的朋友。

一起走上发现之旅

腼腆的孩子通常是优秀的观察者，他们的这种天赋独具一格。也许您可以跟孩子进行一个观察实验，在一个热热闹闹的游乐场里，特别适合玩这种发现型活动，因为那里有很多孩子。您跟孩子可以一起完成一项任务，即观察孩子们在游乐场里是如何相互认识和交流的。通常可以观察到以下场景：

- 直接问：有些孩子直接走到别人面前问，他们能否加入。社交能力强的孩子这时就抓住了合适的时机。他们

不会打断正在进行的游戏，而是等待中场休息或换游戏
玩儿的时候，才会加入。

- 寻求目光交流：有些孩子会坐在旁边看。与此同时，他
  们会抓住机会同其他人进行目光交流。比如他们很快会
  用目光示意，他们想加入游戏。

- 在旁边玩儿：这是很多孩子直觉上会使用的一种"战
  术"。他们会在另一个孩子旁边玩儿相似的游戏，然后
  再慢慢接近。

- 夸奖别人：有些孩子不会询问能不能加入，而是会对正
  在进行的游戏做出评论或者称赞别人，比如"这个滑板
  好酷"，以提高被邀请加入的可能性。

- 寻求帮助："哇哦！你能跟我说说这个是怎么玩儿的
  吗？"这通常是一种很吸引人的接近方式。对方会很自
  豪地表现他的能力，向其他孩子展示怎么侧手翻或者怎
  么跳皮筋儿。

- 邀请他人：与其去一群孩子那儿，问自己能否加入，不
  如自己带个球走过去问："你们想一起玩儿吗？"这样
  通常更简单。

害羞的孩子经常会太在意可能出错的地方、自己在别人眼里
是什么样子、自己必须要说什么。如果他们更多地关注其他孩子是
怎么做的，他们就会扩大自己的活动空间，消除交际障碍。

心理学家罗伯特·奥康纳早在1972年就证明了这种形式的
观察帮助很大。他拍摄了11个不同的场景，在这些场景中，一

个孩子先是羞涩地站在一边，然后他走近一群同龄孩子，最后开始与他们愉快地玩耍。针对孩子为融入群体所做的事情，影片旁白也同时进行了评论，并指出了其他孩子对此的积极反应。

罗伯特·奥康纳把这部影片放映给幼儿园里对社交恐惧或有社交障碍的孩子们。看完影片后，这些孩子同样也敢接近他人了。六周以后，他们甚至变成了幼儿园里社交最活跃的孩子。很遗憾，最后公开的只有这个研究，公众没法看到影片内容了。

在相关书籍里，您也可以找到一些其他的建议，如诺拉·伊姆劳的《友谊——孩子如何拥有，父母如何加强》（*Freundschaft.Wie kinder sie erleben und Eltern sie stärken können*）、纳塔莉·埃尔曼和艾琳·肯尼迪·穆尔的《友谊的不成文规则》（*The unwritten rules of friendship*）。

朋友之间的争吵：
有时我们需要帮助孩子们和好

"这个笨蛋！我再也不想跟她说话了！"玛利亚眼里闪着泪花把门使劲一摔，扑到了妈妈的怀里。妈妈紧紧抱着她，什么也没说。她知道，女儿和蕾娜一会儿就又变回最亲密的朋友了。

在建立友谊的过程中，孩子们也会经历困难的和充满矛盾的阶段。这种经历能锻炼他们的人际交往能力，帮助他们逐渐成长为社交能力强的成年人。在这条道路上，父母可以有方法地陪伴孩子。当然，处理这些危机和争吵没有灵丹妙药，但我们可以向父母提供一些有帮助的建议。

保持冷静

当孩子在父母怀里号啕大哭的时候，父母只想赶紧让孩子的世界马上恢复正常。他们想知道发生了什么，想尽快解决掉问题。但是如果玛利亚的妈妈马上给蕾娜的父母打电话，以澄清误解或调解纠纷，那么，她就剥夺了孩子获得重要人生经验的机会。

孩子们自己就可以很好地处理很多矛盾。他们只是需要一个支持自己的人。父母可以拥抱自己的孩子，询问他发生了什么，接下来扮演倾听者的角色即可。有时下面这个问题可以帮助一些孩子："你现在一定很不知所措，有什么可以帮助你的呢？"父母还可以给孩子提建议："你想跟我讲讲吗？还是我抱着你就可以呢？你想不想做些其他事情转移下注意力呢？"有的孩子想马上倾吐那些不愉快，有的孩子则太愤怒了，根本不想聊，所以不要继续追问。总之，根据孩子的意愿调整我们陪伴的方式。

我（法比安）上小学一年级的时候，给母亲提了下面这个建议："如果我心情不好，就不会直接进屋了，但会按门铃。然后你必须给我开门，问我：法比安，发生了什么？接着我就会向你讲述发生的事情。"这样我就可以自己决定，是要跟父母聊一聊遇到的问题，还是只想待在门外，给自己一点调节的时间。

做出榜样

为了让孩子们能够建设性地处理分歧，很重要的一点是让他们知道并体验到：争执只是人与人关系中的一个片段，达成和解是有可能的。

在这一点上，我们可以给孩子做出榜样。人非圣贤，孰能无过？面对孩子，我们不可能一直做到公平或正确。与其不停地辩解，不如抓住这个机会，向孩子道歉："很抱歉，我提高了嗓门，这太不对了。"这样做并不会失去孩子的尊重，反而向孩子展示了：在一段关系中，人们虽然会犯错，但总能重归于好，为了互相喜欢，我们不一定必须要完美。

父母在争吵后互相拥抱，向对方说些类似的话："对不起，我反应过激了。"如果孩子时不时可以观察到这些场景，那么他们也可以感受到自己父母在发生冲突之后的和解能力。通过这些微小、不明显的信号，我们可以让孩子感受到：道歉是一件很正常的事情，我们不要试图掩饰错误，或者把错误推到别人身上。一个真诚的道歉不是软弱的象征，相反，它是一段充满尊重的人际交往的组成部分。

共情比建议更能帮助孩子

无论是孩子还是成年人，总会遇到一些让人不知所措的冲突。我们不禁会问，对方怎么回事儿，不明白事情怎么突然就不可收拾了。如果因为与他人争执，孩子情绪非常激动，那么您先做到安静地倾听，会更有帮助。接着，您可以鼓励孩子站在其他孩子的角度思考一下："嗯……蕾娜说你是笨蛋，这是她不对。那她当时心里是怎么想的呢？……嗯，她肯定很生气。你觉得呢？为什么她那么生气呢？"

如果告诉孩子，在这种情况下，两个人都不好受，也会很有用："我能想象，现在蕾娜一定跟你一样。她肯定也坐在家里，不知道该做些什么。"

道歉需要勇气

有时孩子很明白，他让朋友失望了，或者伤害到了朋友，但就是不知道该怎么做。如果有人能一起想办法的话，孩子会很高兴。

我（斯蒂芬妮）和我的邻居帕蒂是发小。我们一起玩娃娃，一起扮演强盗，跟小狗一起在森林里打闹几个小时，为了我们共同的梦想——一匹小马，一起坚持把零花钱攒起来，我们想让小马在车库里住，在花园里吃草。我还很清楚地记得我们吵得不可开交的那次，那时我们10岁，老师不分青红皂白地批评她，说她数学考试作弊，而我——多好的朋友啊——甚至连一句话都没为她说。

就我们的友谊准则而言，我这种行为就是在背后捅了她一刀，非常可恶！我有些胃痛，内疚不安，后来忍不住哭了。

帕蒂非常非常愤怒，坚决要跟我绝交。幸运的是，我妈妈当时克制住了自己，没有插手，而是同我一起想办法，思考该怎么道歉。

这件事情太尴尬了，我完全不想自己一个人去找帕蒂。我被下面这些假设折磨着："要是只有她父母在家，他们也很生气，该怎么办？要是她完全不想跟我说话，把门摔我脸上该怎么办？"最后我决定，送给她一只小毛绒牛，这是我前一周在抽奖活动里赢的，那次帕蒂什么也没抽到。我把小毛绒牛用一个小蝴蝶结扎起来，里面塞了一张纸条，上面是我编的一首诗：

"哞哞哞，我是小奶牛米娅。

我太笨了，很抱歉。

（……）

我还想当你的好朋友。

我太孤单了。"

傍晚当我鼓起勇气去帕蒂家的时候，下起了倾盆大雨。我先用一个塑料袋把小奶牛包好，在外面又裹了一张报纸，送给了帕蒂。第二天，我就收到了她的纸条，然后我们就又变回了彼此最好的朋友。

我很开心，在这种情况下我的妈妈一直陪在我身边。我无法迈出那一步——自己去道歉，她很理解我，并且建议我给帕蒂写字条。剩下的事情，我一个人就可以完成啦。

当孩子找到了修复珍贵友谊的方法时，他们就收获了一次难得的体验。年幼的孩子可能会画一幅画、做个小手工或者用零花钱赔偿打坏的东西；小学生可以写一张小纸条；青少年也许可以写一封信、拍一段视频、留个语音消息或者打个电话。年龄大点的孩子如果不知道如何表达歉意，可以回答以下这些问题：

- 什么事情让我感到很抱歉/我做错了什么？
- 对方是什么感受，这件事对他/她造成了什么后果？
- 我应该/想要做出什么反应？

我（斯蒂芬妮）少年时期有个最好的朋友，叫卡特琳。她在一次和我激烈的冲突后，写了一个关于两个森林精灵埃斯特法尼亚和埃卡塔里娜的故事。这两个精灵的争吵导致森林出现了严重的霜冻，而当她们再次和好时，太阳和色彩又重新回来了。故事还讲述了为什么这两个精灵彼此那么不同，但又相互那么需要。

帮孩子从与朋友的冲突中走出来

- 不要代替孩子仓促地解决矛盾，不要自己采取行动，例如给另一个孩子的父母打电话。
- 通常情况下，孩子们只是需要有人来支持他们。您只要在他身边就可以——用爱的拥抱和倾听的耳朵。
- 不是每个孩子都愿意马上谈论自己的困难。不要追问发生了什么，而要问问孩子，怎么做会让他感觉好一些。
- 平复后，帮助您的孩子站在对方的角度考虑问题。
- 当孩子能够向对方道歉时，向他表示认可。
- 为您的孩子树立榜样，让他们知道真正的友谊可以承受冲突，和解是有可能的。

孩子总是被拒绝，
是否有"拒绝敏感"倾向？

安妮卡泪流满面，她支支吾吾地跟妈妈讲了课间发生的事情："艾米丽一直在跟萨拉玩儿，我可是艾米丽最好的朋友啊！"妈妈把她抱到怀里说："她们不跟你玩儿，确实不太合适！我理解的友谊不是这样的！"

安妮卡的妈妈不知道的是，其实她的女儿并不是被排挤了。当安妮卡看到她最好的朋友艾米丽跟另外一个孩子聊天的时候，她觉得自己受到了伤害，感到很失望，然后她整个课间都绷着脸生气地站在墙角，嫉妒地看着艾米丽和萨拉，接下来整个上午她都不理艾米丽了。当安妮卡不被其他孩子重视或者被人拒绝的时候，总是很受伤。从她身上可以看到一种倾向，这种倾向可能会极大地阻碍友谊的建立和维护，心理学上称之为高度的"拒绝敏感"。我们可以将它理解为一种倾向，在社交活动中，对他人的拒绝充满带着恐惧的负面"期待"、过早地感知以及过度的反应。像安妮卡这样的孩子，始终处于害怕被拒绝的状态。他们把任何一件事情都看成拒绝的征兆，把不明确的或客观的情况都解读为拒绝。两个孩子在班里说悄悄话，对于安妮卡来说就是一个明确的信号："他们在谈论我！"老师头疼，皱起眉头，安妮卡就认为："她受不了我了！"

有时安妮卡（像每个孩子一样）确实遭到了拒绝。她不被允许一起玩儿，不能被选到她最喜欢的小组里，或者不在同学生日会的邀请名单里。除了现实世界中这些个别的碰壁现象，还有很多其他现象都被安妮卡用同一种方式进行了解读。面对这两种不同的情况，她情感上都有很大的波动，她会哭泣、沉默、生闷气。

在她的脑子里会飞快地闪过一系列不好的后果：如果艾米丽今天跟萨拉玩儿了，就意味着她和艾米丽的友谊完了，没有人会喜欢她，所有人都会对她不好。相应地，她的反应也十分激烈。她感觉崩溃，陷入瘫痪，有时还会愤怒或者嫉妒。她最好的朋友艾米丽不仅要应付她的很多指责，还要不断地温柔地证明自己和她的友谊。安妮卡一直都毫无由头地追问，艾米丽是不是"对她生气了"或者"发生了什么"。

如果脑补的场景成为事实

高度的拒绝敏感在友情和其他人际关系中都会产生持续性的问题。它就像一个会自己实现的预言：其他孩子通常对安妮卡的反应不知所措，很疑惑地问她："现在到底发生了什么？""我们什么都没做啊"，甚至她的朋友艾米丽压力也很大，她觉得自己被束缚了，必须时时刻刻地顾虑安妮卡的感受，体会安妮卡的不安感，为一些在她看来无关紧要的小事道歉或解释。有时她觉得安妮卡真的让人感到疲惫不堪！

安妮卡再次感受到了其他孩子的疑惑，这又直接引发了新的不安。其他孩子的反应让她更加确定大家不喜欢她，她对任何人都不是真正的重要，所有人都不能信赖。很快安妮卡就陷入了一个由负面期待、情感冲突以及友谊破裂组成的恶性循环中。人们发现，有很多交友困难的孩子都有很高的拒绝敏感性，不仅害羞拘谨的孩子是这样，那些脾气急躁的或者过度配合的孩子也是如此。

对于有些孩子来说，他们太害怕被拒绝，以至于随着时间的推移，他们不再交朋友，或者从一段松散的关系换到另一段，因为他们的信念是：如果没有亲密的关系，那么就不会受伤。

这种倾向从何而来？

除了天生的个性之外，同身边亲密的人如父母、老师，特别是同龄人的交往起着重要的作用：

曲解社交行为信号的倾向大多来源于孩子真实的经历：有些孩子在公共场合遭遇了拒绝——它以冷漠、拒绝、不友好或恶意的评论、无休止的批评或烦扰，直至忽视以及身体或心理上的暴力等行为形式出现。当孩子没能让父母满意时，父母持续表现出的失望、生气和拒绝的经历，也会加重孩子的拒绝敏感心理。

除了同成年人的接触，跟同龄人的交往同样重要，并随着年龄的增长愈发重要。如果孩子被拒绝、排斥、嘲笑或人身攻击时，或者在群体中难以找到自己的位置时，就会滋生对拒绝的恐惧。很明显，如果一个孩子被欺负了，他就认为自己不被人爱，必须要小心其他人。一旦这种思维模式形成，可能会持续一生。

除了真实的被拒绝的遭遇外，这种倾向也可能会通过观察性学习从父母那里习得或增强。

安妮卡对于朋友的认识大都是从她妈妈那里学来的。她看到，当一位朋友不得不推迟约会的时候，妈妈有"多受打击"；当她丈夫稍晚点回家时，她如何生闷气，并用蔑视来惩罚他。安妮卡和她妈妈的思维方式也十分相似：安妮卡的妈妈对"真正的友谊"是什么样的有清楚的想法。哪怕朋友跟自己的想法稍微有些不同，她就会认为是种背叛、恶意和拒绝。她经常说"如果她能对我们的友谊稍微上点心，那么……"。安妮卡跟朋友们的相处也被妈妈用这种方式评论。安妮卡每天下午给艾米丽打电话，商量两个人要做什么，这已经成为一种习惯。当妈妈开始说"为什么你总是那个必须打电话的人呢"，这时问题就出现了，怀疑开始在友情的土壤中滋生。

如何使孩子变得坚强？

为了获得融入感，孩子会付出很多，这是一件正常的事情，当然也总是会出现对拒绝的恐惧。如果这种倾向性太强，以至于持续影响了孩子的生活，并且孩子因此觉得交朋友和维护友情是件很困难的事情，就必须要认真地考虑一下这件事了。如果孩子总是感到被拒绝，首先必须要确认一下，是否存在霸凌行为，还是他确实找不到朋友。在这种情况下，应该从团体的层面上进行干预，比如采用反霸凌的方式，就像我们在"结束校园霸凌，使用无责备干预法"那一节中描述的一样。

如果您能发现孩子在社交过程中经常产生错误的理解，面对所谓的拒绝，反应高度情绪化，则有助于改变孩子的这种思维方式。

只要向他们表明，他们对其他人来说很重要，他们的关系很稳定，可以经受住所有的冲突，其他人对他们是善意的，就能够帮助像安妮卡这样的孩子。

您可以采用一些具备可行性的方法：

- 通过主动的不加评价的倾听，帮助孩子处理复杂的感受，厘清模棱两可的处境。
- 通过"什么事情很顺利"的练习，提醒孩子跟其他人相处的那些美好时刻，将他的注意力集中到积极的方面。
- 帮助孩子主动地有建设性地解决矛盾。
- 和孩子一起探究那些消极的思维模式，比如"没有人喜欢我"。

如果您发现自己具有高度的拒绝敏感性，那就要有意识地寻找其他的解释，"假设"其他人是善意的。

如果一个朋友取消了一次约会，安妮卡的妈妈可以忽略第一反应"反正我对她也不重要"，然后有意识地寻找原因。也许朋友真的有很多事情要做呢？她可以努力地更加坦诚和直接地说"太遗憾了，本来我还很期待跟你见面"，而不是冷淡地疏远地说"没问题"，然后自己生闷气。

她也可以假设，女儿的朋友原本是善意的。在评判之前，她可以问一下："具体发生了什么呢？艾米丽有没有说过你不能和她一起玩儿？"接着了解女儿的反应，并给她指出当时也许可以回旋的余地："然后你很失望，连问都不问一句你能不能也一起玩儿？"在这样的谈话中，她可以一再强调这一点，女儿是有朋友的："艾米丽是你那么好的朋友，我可以想象，你们三个也可以玩得很开心。"或者在发生冲突的情况下说："你和艾米丽是这么久的朋友了，你们相处得总是很好，你想给她打电话或者写信吗？"

　　有高度拒绝倾向的人经常想知道，他们跟其他人的关系是什么样的。即使是碰到小的日常生活片段，也很快被他们当作与他人关系的考验。但是他们忘记了，猜疑和随之而来的对对方的试探和考验，有可能让他们达到了了解与朋友之间关系的目的，也有可能会改变他们与朋友的关系。

　　永远的猜疑、对关系的考验、指责和生闷气，是一段友谊或关系的毒药。我们所有人都想跟那些信任我们、珍视我们和态度积极的人在一起。

　　如果拒绝敏感现象十分严重，往往只有家庭咨询或心理治疗才能提供帮助，在这个过程中，旧的伤害可以得到解决，破坏性的思维和反应模式能够得到纠正。如果孩子长期被欺凌，或者准备进入新的班级，接受治疗通常很有必要。

　　如果拒绝敏感的行为表现得非常明显，那么在早期阶段就要寻求帮助，这一点非常重要，因为它往往会导致孩子以后在恋爱和工作中出现问题，并会促发抑郁或焦虑等心理疾病。

群体压力：孩子不会说"不"？

请想象一下，您和一组陌生人围坐在会议桌旁。实验者向大家展示下面这幅图片：

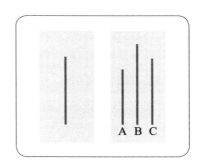

接下来的任务是，判断一下A、B、C中哪条线同左边的线一样长。答案很明显，是C。但是很奇怪，其他所有人异口同声地选择了A。您会做出怎样的反应呢？您可能很疑惑，并对自己的感知产生怀疑，然后再次仔细地观察图片。

也许您甚至会不顾自己的判断，顺从其他人的答案。在所罗门·阿希的实验中32%的人都是这样做的。

阿希实验的结果之所以令人大跌眼镜，是因为这个实验表明了群体压力有时会产生极大的影响，当：

- 涉及极度简单的决定，答案也显而易见的时候。
- 该小组成员是陌生人的时候，我们与这些人没有任何依赖关系，也不再会见到他们。
- 问及一些成年人意见的时候，而且这些成年人很可能觉得自己拥有成熟的人格。

人类：群居动物？

圣雄甘地曾经说过，幸福就是你的所想、所说和所做的和谐统一。正因为如此，当孩子即使面临群体压力和挫折，也能坚持自我、保持真实的时候，是那么难得与可贵。我们希望孩子能够培养自己的价值观和想法，坚持自己的感受，即当他们认同的时候说"是"，反对的时候能够说"不"。

有些孩子这一点做得很好，但有些孩子觉得这很难。他们被说服做一些事情，但之后他们会后悔。当实际上他们认为"不"的时候，他们却觉得自己不得不说"是"。他们让自己的观点适应群体，越来越感觉不到什么对自己是重要的。但是为什么坚持自我这么难呢？我们如何才能提高孩子这方面的能力呢？

人类作为社会性生物，对群体的依赖性很强，以至于在进化过程中形成了一种对归属感天生的渴望和对被群体排斥的天生恐惧。

因此本质上，我们的任何行为都要遵循外部的意见。对于我们的祖先来说，一方面，为了得到保护、食物和社会支持，成为并永远成为部落的一分子是至关重要的。另一方面，被社会排斥意味着必死无疑。那些越能与同伴保持一致、能及早觉察到人际关系危险信号的出现，并尝试（再次）融入群体的人，被大自然赋予更长、更安定的生命的可能性就越大，他们也因此获得了把基因遗传给下一代的机会。以这种方式，人类的大脑一代一代地进化为具有高度适应性的社会器官。今天，它仍然在适应社会环境，忠实地为人类服务。

在这种背景下，类似"你不必在乎别人说什么"这种话，很明显是站不住脚的。也许我们并不想管别人的所说所想，但是数千年来，我们都在关心社会外部环境对我们的看法，这是一种生存优势，它深深植根于我们的血液之中，单凭对理性的呼吁是无法消除这种习惯的。直到今天，当我们在社会融入、社会认可和社会参与方面受挫的时候，身体就会发出可靠的警报，我们会感到害怕、伤心或者羞愧。坚持自己的想法，可能会给自己带来负面的影响。即使在今天，在很多国家，意见上的分歧也会让人失去自由，甚至付出生命的代价。

哪怕在我们现在的社会里，也不能低估特立独行、以与众不同的方式思考和行事有多么困难。没有智能手机，可能会让你在学校和班级里成为边缘人；穿"错"衣服，会让你马上成为被嘲笑的对象；说出自己的想法，可能会让你失去友谊、工作或者社会地位。

作为父母，重要的是要意识到，坚持自我可能会产生怎样的威胁。对于孩子来说，这件事情更难，因为他们不能选择，必须要接受自己的班级或邻居作为自己的社会群体。

当我们必须表明立场时，内心就开始了权衡利弊的过程。我们评估优势和劣势，然后做出决定，要么勇敢地坚持自己，要么屈服于外部压力。我们可能会在心里问道：这对我来说值得吗？

孩子愿意坚持自我吗？

这件事是否值得，取决于各种各样的因素。如果孩子们能做到下面这些事情，那么他就会更容易坚持自己的想法。

- 能够感知自己不同的愿望和感受，并能很好地表达出来。
- 在群体中拥有一个强大的地位，并确定，即便有不同意见，也不会改变自己的受欢迎程度。
- 有很多朋友，因此更加独立。
- 知道友谊可以包容分歧，人们在争执之后也可以和好如初。
- 有榜样告诉他们，不必为了融入他人而屈服，榜样会接纳他们本来的模样。

坚持自我这件事情还取决于人的个性，取决于孩子处理社会压力的能力有多强。有些孩子对拒绝的敏感性很高。这是一种倾向，具体表现为：预期他人的拒绝（"他们肯定不会喜欢我的！"）、对发生的事情做出仓促解读（"他们一定在嘲笑我！"）、情感上有过激反应（"他们都恨我！我什么也不是！"）。您可以在本书中"孩子总是被拒绝，是否有'拒绝敏感'倾向？"这一节获取更多相关信息。

有时环境或生活状态的改变也会有所影响。比如进入一个还不熟悉的群体、转学或者青春期的到来，一个平时没有任何问题的孩子，遇到这些情况可能也会变得不知所措，不敢坚持自己的想法。

在这种情况下，如果父母要求孩子："你只要说出你的感受就行！"或者"别人对你的看法根本不重要！"那就是在给孩子施加压力，同时也剥夺了孩子变得真正独立的机会。孩子只能"决定"他要屈服谁的压力——来自父母的还是其他人的。但是他再也不能遵循自己的内心，倾听自己的声音。真正的独立只有当您帮助孩子听从他自己内心感受的时候才会出现。

探讨孩子的困境

大多数时候，我们会注意到，孩子会为了一段友谊，冲动地去做一些让他感到不舒服的事情，经常会感到一种无所适从的、令人混乱的压力。可能每个人都有类似的经历，你必须与那个似乎很受欢迎的同学相处，这样他和他的小团体才不会让你的生活变得糟糕。你有一个调皮有趣又叛逆的朋友，他总是让人神经紧张，他总是有令人兴奋的想法，但也不断煽动你去"胡闹"，为了不被认为是一个"胆小鬼"，你必须和他一起行动。你的小团体总想尝试一些事情，并让你选择是要加入其中还是要成为"背叛者"。

通常情况下，让儿童和年轻人意识到他们内心的困境而不是告诉他们如何去做，就已经有了很大的帮助。

- "我感觉，你和本杰明一起玩儿，总是由他做决定。你怎么看呢？怎样做你会觉得更好呢？"
- "我感觉，做瓦妮莎的朋友必须得跟她意见一致，不然很快就会被孤立。我好像觉得这挺难的……"
- "你不想去参加这个聚会，但你害怕汤姆和瑞贝卡会对你失望，是吗？"

也许您也会讲一些让自己窘迫的经历，并同孩子一起思考，在这种情况下他想如何应对。一些小的细节可以帮助孩子对抗压力。我（斯蒂芬妮）还记得，以前有个朋友，她就提前给我和其他朋友发了条消息，说她很想和我们一起去游乐园，但是不想坐过山车，更不想被逼着坐。有时孩子岔开话题也会很有用："我对这个不感兴趣。来吧，我们来做这个……"如果一个孩子想说服别人做一件事情，那么最快让他扫兴的方式就是，一直给出相同的答案，"对不起，我真的不感兴趣，不，没兴趣……还是觉得没意思"。

如果您能帮助孩子寻找合适的表达方式，孩子就可以做到坚持自我，并充满感激。有时为了不让别人失望，他也会选择加入其中。只要不是什么危险的事情，都是可以的。对于父母来说，更重要的是，如何让孩子变得更加坚强，而不是在任何情况下，都让孩子对群体压力做出反抗。

力挺孩子

如果遇到了可能有危险的情况，父母最好提前跟孩子说明。我（斯蒂芬妮）在一个乡村地区长大，最近的舞厅离那里也有半个小时的车程，公共交通晚上六点就停发了。我的父母总是向我保证："无论多晚，无论你在哪里，你都可以随时给我们打电话，我们会去接你。如果司机喝醉了，永远不要上他的车。如果有人开车莽撞，你觉得很担心，要跟他说，你想马上下车——然后给我们打电话，我们会二话不说去接你。对我们来说，最重要的事情就是你安全到家。"

如果父母真诚而明确地让孩子明白：当他能照顾好自己，照顾好朋友们时，父母会很高兴，那么孩子在危急时刻做出正确决定的可能性会更大。

我（法比安）班上有一些年轻女孩儿，半夜三点的时候，她们宁可拼车去隔壁村庄，也不愿给自己父母打电话，因为"要是半夜把他们从被窝里叫醒，他们会很生气的"。

如果外界压力袭来，一发不可收拾，能够站在孩子的角度保护他，有时也很重要。我（法比安）一直都很不愿意参加比赛，小学的时候我加入了田径队训练，一到周末就要参加比赛，我感到很为难。我必须一遍又一遍地跟教练和队员们解释，我为什么不能、也不想参加。有一个周日，我家门铃突然响了，打开门，所有25个参训孩子站在我家门口，还有三位教练也来了，要求我去参加比赛，我哭着躲到了客厅。幸运的是，我妈妈在这一刻当着所有人的面，对教练发了脾气，之后很长一段时间他们再也没有逼迫过我了。

期待朋友

我们成年人对孩子的某些友谊不看好。我们觉得，某个女孩、某个男孩或某个群体对孩子不好，他们可能会给孩子施加压力或怂恿孩子做出不良的行为。像这样的友谊会引发孩子的矛盾心理：一方面有冒险的吸引力、危险的诱惑，还有获得归属感的渴望，另一方面还有一些犹豫、迟疑和害怕。作为父母您可以跟孩子说："我注意到，卢卡喜欢你对你来说非常重要，跟他一起玩儿总是很开心，他有很多想法是吗？……他最吸引你的地方是什么？有没有什么时候，你觉得不太开心？"

如果孩子敞开心扉，告诉你他感受到的压力，那么下面这种提问就很重要："你觉得，只有你这样，还是其他（你们小团体里的）朋友也遇到过类似的情况？你想不想跟他单独谈一谈，听听对方是怎么看待这种情况的？"

一旦我们感觉到，并不只有我们持不同意见或保留想法时，群体压力就会失去力量。这在我们一开始描述的阿希实验中就得到了证明：仅仅有一个人不同意大多数人的观点时，就会引发参与者（除了少数例外）敢于在小组面前发表自己的真实想法。如果有人打破沉默，通常情况下其他人也会参与其中。这个常识可以帮助您的孩子，找到有类似想法和感受的同盟。特别是碰到一些危险行为（毒品、冒险等）时，如果孩子能注意到自己不是团队里唯一一个不想参与的人，就能获得极大的帮助。

把当前的事情当作谈话契机

如果孩子理解群体压力背后的运转机制，他就能更容易对抗它。像《浪潮》（Rhue，1997）这样的电影或书籍上面提到的实验，或者相关新闻都可以成为谈话的契机。

这里有一些有趣的问题：

- 为什么在群体里，人们会做一些自己一个人永远也不会做的事情呢？
- 如果人们在群体中有不同意见，通常会遭遇贬低或驱逐的威胁。群体是如何逼迫人们顺从的呢？
- 你在哪里感受到了令人不适的群体压力？
- 怎么才能发现情况失控了呢？

在青少年群体当中，他们经常会说"就是玩玩儿啊""别这么大惊小怪""她……不敢""……是个小宝宝，赶紧回家找妈妈吧"。这些言论会鼓动孩子，要尽可能消除他们的担忧。

- 你有没有见过有人站出来反对整个团队，你当时有什么感觉？
- 如果感觉不舒服，你会怎么保护自己？
- 面对你的担忧，真正的朋友会是什么态度呢？你想让你的朋友们参与那些他们觉得不好的事情吗？

搞清楚自己的期待

这种谈话的困难之处在于，在这个过程中不仅要反思孩子的动机，还要反思自己的想法。一位父亲说："为了让我的儿子有更多的自信，我该做些什么？他想要耐克鞋，仅仅因为班里其他同学都有，我想让他能够抵制住这种同伴的压力。"

在谈话中，他意识到，这件事牵涉的不仅仅是孩子的独立："您知道吗？说实话，我觉得穿名牌衣服名牌鞋很蠢，我希望他能跟我有同样的想法。但他好像觉得这双运动鞋真的很酷。"最后这位父亲放弃了自己的坚持，满足了儿子的愿望。

我们都会做出妥协。我们会在家里发牢骚，而不是巧妙地指出老板的想法不成熟；我们会跟熟人或亲戚聚会，虽然一点兴趣都没有；为了避免争吵的风险或者不伤害伴侣，我们会对他/她隐瞒自己的不悦。我们谈论别人，而不是与他们交谈，有时候这很重要，但通常这只会带来暂时的舒适。从长远看来，这会让我们有一种被别人控制的感觉。因此，让孩子变强大的最后一个建议是：多跟孩子谈论您的想法，然后做出行动。很多时候，结果都会比您想象的要好得多。孩子会进行观察，然后自己也会变得更加勇敢。

第 3 章

校园霸凌，
亟待重视的
系统问题

校园霸凌：视而不见的伤害

美好的童年由什么组成？肯定不是永无止境的孤单、悲伤和绝望。很少有事情像校园霸凌一样，如此长久地对一个孩子的自我价值感造成伤害。但是孩子为什么会欺负其他人呢？父母怎么看出自己的孩子被欺负了？他们可以做些什么呢？

"嘿，托比亚斯，你有没有接到一些电话呀？"所有人都大笑起来。"原来是你们。大概有一百多人往我家打电话了！"托比亚斯忍气吞声地说道。他很清楚，希尔文、法比安和托马斯又在捉弄他了。他们三个人周六的时候去了一个博览会，那里可以免费发一个广告。法比安对他的朋友们说："快来，我们找找托比亚斯的电话，给他发个广告，就说他要免费送一个任天堂游戏机。"这是个有意思的玩笑，还是已经构成了霸凌？

这种情况就是霸凌。我们有时会在操场上打架，有时打得鼻子流血，但是我们不会说那是霸凌。那为什么把这种看似无害的玩笑称为霸凌呢？因为我们知道这件事发生的背景，因为我（法比安）为此感到羞愧，在这个例子中除了我自己，其他人都是匿名。

这就是霸凌，因为我们总是用这种玩笑来捉弄托比亚斯。因为当他在课堂上那么勤奋地举手或打响指回答问题的时候，我们翻了白眼儿；因为当他给出一个"自以为无所不知"的答案时，全班一半人都在抱怨。这就是霸凌，因为我们是很多人，而托比亚斯是一个人。这就是霸凌，因为他始终是受害者，我们一再明确地向他发出信号：我们不喜欢你！无论你做什么，我们都不会让你安生！这就是霸凌，因为托比亚斯从未对我们做过什么，因为他完全没有机会躲开我们、做出反抗或者适应我们，这更加让我们觉得，继续折磨他这件事理由充分。

我们觉得霸凌中最可怕的一件事是，我们还成功地让大人站在了我们这边。我们让他们觉得这些事情完全合理，这个男孩儿也没受到什么伤害。

整个小学期间，除了托比亚斯的妈妈，从来没有哪个家长或老师明确地反对这种行为。三年级的时候，托比亚斯的妈妈向老师申诉了三次。每次老师都会找我们谈话。他向我们表示充分理解，并认同托比亚斯挺难对付的，他很能理解我们有时的做法。他认为这些玩笑并没有那么严重，托比亚斯就是太敏感了。但是我们不能再这样做了，因为他妈妈总是会找到学校。老师的处理方式给了我们一个暗示：托比亚斯是活该，但是我们应该使用一种不太打扰老师的方式捉弄他。

不知从什么时候开始，他妈妈不来了，她放弃了，托比亚斯现在真的是一个人了。

"我们之前也这样做过！"

我们怎么能这么令人厌恶呢？我们并不是"坏"孩子，我们的教养也不差，我们不缺少同理心，也不缺少自我价值感或者自信心。我们在班里感觉气氛融洽，社交能力也足够，当我们讲述自己的那些恶作剧时，父母也哈哈大笑，我们的老师也觉得托比亚斯的妈妈很烦人，并数次把她打发走了。尽管很多学校现在对霸凌这个话题已经很敏感，但在我们的工作中，还是会经常听到类似的故事。

也许您会想："我们以前也这样做。"是的，我们这样做过。但这很可恶，并且是错误的！它导致个别孩子深受其害，损害了他们的自信和自我价值感，更糟糕的是，这种经历可能会伴随他们一生，进而使他们产生心理障碍，有时甚至造成自杀的严重后果。

只有当我们所有人，老师、父母和孩子，一起开始承担责任的时候，校园霸凌才能得到扼制。在接下来的内容中，我们会告诉您，校园霸凌中的运行机制是什么，到底是什么阻碍了我们来承担责任，我们怎样才能够脱离无助的境地。

也许您的孩子也参与了？

几乎每个孩子在上学的时候都参与过霸凌。父母或者老师通常知道的很少，甚至当孩子被很多其他人刁难、排挤、殴打和折磨的时候，很多父母和老师对这个问题仍然做出了错误的判断。几乎每个班里都有人被霸凌，这对您来说意味着，您的孩子很有可能以某种形式也参与了霸凌。他可能是海克·布鲁姆和德特勒夫·贝克在《无责备干预法》（*No Blame Approach*）一书中描述的六种角色之一。霸凌行为是由班里的一些带头者发起的。他们通过自己的行为获得其他人的认可，确定自己的强势地位，然后通过恶作剧的形式博得哄堂大笑，为班级带来了趣味和活力。这时帮凶和起哄者上场。帮凶通过执行或参与，为那些带头者提供有力支持。起哄者不会直接参与，但会明确地向带头者表示支持，并赞同这些行为。观众们则保持警惕，大多出于恐惧，害怕自己也会成为受害者。最后还有保护者角色，他们一开始尝试保护被霸凌的孩子，但当他们得不到其他同学或成人的支持时，通常会变成忍气吞声者。虽然他们认为霸凌是错误的行为，但也不会再做出反抗。被霸凌侵害的孩子会遭到贬低、羞辱和折磨。

霸凌不是冲突

霸凌是由群体活动组成的，随着时间的推移，孩子们在这个群体活动中都充当了某个角色。因此只有当这个群体活动瓦解的时候，问题才能得到解决。要是认为霸凌只涉及"带头者"和"受害者"之间的冲突的话，那就忽视了真正的问题所在，发错了力。孩子们之间的矛盾或争吵大多源于某个意外事件，通常双方都会受到伤害，如果矛盾或争吵得到调解的话，他们都会很开心。

否则，意外事件可能会悄悄发展成霸凌事件，并会随着时间的推移，开始加速升级。一般来说，所有参与者很长一段时间都不会发觉，到底发生了什么。他们慢慢找到自己的角色，并习惯于提高这种可恶行为的频率和强度。受害者的态度会被当作下一步霸凌行为的理由。被欺负的那些孩子的痛苦没有人察觉，在整个过程中，他们是被压制的角色。

在霸凌行为的语境里，总是会出现"只是"这个词，"我们只是……我的孩子只是……他们只是孩子……"。

当我们把"只是"换成"和"的时候，才清楚他们究竟做了多少伤害别人的事情：我们把他的鞋子藏了起来，"和"他回答错误的时候我们嘲笑了他，"和"足球赛的时候淘汰了他，"和"对他说"他很臭"，"和"把他坐过的椅子消了毒等。通过所有这些事情，我们让他明白：我们瞧不起他。

这种行为就好像要从我们的团体里面，驱逐一头谁都无法单独驯服的怪兽一样。与冲突完全相反，霸凌行为的目的在于，折磨他人，毒害他的生活。这是一种带着极端权力不平等特征的群体现象。受害者一再地被一个群体有组织地折磨、羞辱、排挤和攻击，完全没有机会得到解救。

在这种情况下，被霸凌的孩子开始改变。有些开始退缩，变得安静、胆怯、不关心周围事物。有些则变得有攻击性、"脸皮儿薄"且易怒。这种表现又让人看起来很"奇怪"，好像对他的霸凌是他咎由自取。

此时，这个孩子迫切需要外部的帮助。他需要那些愿意关注他的大人看出到底发生了什么事情，能够立场鲜明地反对霸凌，能够了解其他人都对他做了些什么，并和孩子一起想出解决办法。但是，不当的态度、害怕或缺乏经验都会妨碍大人来做这些事情。

也许您可以从下文中重新认识自我，接着您需要勇气和真诚的态度来同自己的想法做斗争。我们不会包庇您，并且相信，您会对自己诚实。只有当我们认识到，自己能为反对霸凌贡献些什么，才能和孩子一起应对霸凌行为。

我们成年人需要承担的不是罪责，而是责任，这样才不会无意识地参与到霸凌之中。也许是那个被欺负的孩子自己的行为惹到了班里同学；也许他特别有好胜心，穿着打扮不同寻常，表达方式特立独行；或者他同社交习惯格格不入。

当霸凌行为持续发生的时候，如果家长和老师最后能插手帮助那个被欺负的孩子，帮助他改变一下自己，可能就不会有那么多的问题。有一点要清楚，孩子只有在一个安全的空间里，全班同学都能积极地接受他的努力时，他才能尝试新的行为方式。但是在很多情况下，这个孩子看起来有问题的行为恰恰只是他面对霸凌的一种反应。

"他也不是完全没责任！"

我们常常听到这样的话，"他也不是完全没有责任"或者"他也挑事儿了"，这样说就显得自己不是在主动欺负别人。这些话背后隐藏的信息是：受害者必须"自己努力"并改变自己的行为，这样霸凌才会停止。这时老师或家长通常会不自觉地传达出这种态度："这个受欺负的孩子自己也有责任。因此，别人欺负他是种合理的惩罚，别想从我这里寻求帮助。"带着这种态度，这个孩子孤单地处于一种困境，而只有当外部伸来坚定的援助之手时，他才能摆脱这种困境。有时，这些被霸凌的孩子会对这种态度表示接受，并开始相信，他们所承受的痛苦理所当然，这是命运，必须要接受。

"你必须要保护自己！"

被霸凌的孩子的父母经常会提出一些建议，但听起来就像斥责：

- "你必须要保护自己！"
- "为什么不告诉老师呢？"
- "你把其中一个撂倒，他们就不敢了！"

他们的想法非常天真，比如，这些霸凌者其实是胆小鬼，只要反抗，他们就会马上停止。实际上，一旦霸凌开始，孩子就别无选择。如果他寻求帮助，那他就是一个爱打小报告的人；如果他逃跑，那他就是胆小鬼；如果他想加入并示好，那他就是一个马屁精；如果他反抗，那他就是有攻击性的人。

如果父母也觉得孩子太软弱，不理解孩子的处境，那他就会感到非常无助。如果家人也不能认可他的感受时，哪怕在家里，他也会感到孤立无援。

有些孩子不能执行父母的建议时，会感到羞愧，所以接下来，他们会向父母隐瞒自己受到的欺凌。

"这不是马上打回去的理由啊！"

有些孩子面对霸凌的反应很激烈。聪明的带头者很会利用这一点，长时间巧妙地攻击受害者的软肋，直到他爆发并反击。老师经常只看到了他激烈的反击。如果这个连续数周被欺负的孩子最后打了回去，从老师的角度来看，他做了必须受到惩罚的事情。即使他向老师解释，通常会得到"你可以只用语言来保护自己"或者"这不是马上打回去的理由啊"这样的回复，事情也就被搁置一边了。说实话：打回去的理由相当充分——特别是当没有人倾听、关注和了解到底发生了什么的时候。

那些对霸凌不作反应的人，正中了带头者的下怀

一些家长和老师面对霸凌不作反应，因为他们害怕使情况变得更糟。家长往往害怕被看作是一个讨厌的人，老师不知道如何去解决这个问题。

哲学家和精神分析学家保罗·瓦茨拉维克曾经说过："你不能不沟通。"在欺凌的情况下，这一点尤其真实。毫无反应的态度是向带头者和全班同学发出的明确信号，即欺凌是可以容忍的，学校不提供任何保护。

近年来，有几位家长跟我们说，孩子每天都被欺负，但学校管理部门为了逃避责任，说"上学的路上不是我们的职责范围"。这就像对学生说："看，在那里，在那个标记处之外，就不是学校区域了。如果你想欺负别人，请到这条线外。"

另一个孩子经常被两个男孩儿打，他的妈妈说她已经跟老师谈了两次，但都没有什么后话。当被问到接下来想怎么做时，这位妈妈回答道："我已经尝试了所有的办法，不管怎么说，他还得上学。"我们经常会听到连续几个月被欺负的孩子的父母说："学校什么都不做，但是我们现在也不想施加那么

多的压力。"这些父母很害怕孩子上不了学，或者社区里的流言蜚语，他们不管不顾，让孩子自己受苦。

为什么在孩子这里，我们就能忍受成年人不能忍受的事情呢？您想象一下，您的伴侣在工作中经常被两名高大强壮的同事殴打，回家身上带着伤痕。难道您会说"很遗憾我管不了，我已经跟你的领导谈过了，我们需要通过这份工作挣钱"？

"你不必在乎别人的看法。"

有些父母希望他们的孩子对自己的个性坚定不移，充满自信。他们几乎绝望地喋喋不休地用下面这些话激励孩子：

- "你来到这个世界上，不是为了成为别人想要的样子。"
- "他们只是嫉妒。"
- "不用在乎别人对你的看法。"
- "就让他们说吧。"

这也不是支持！孩子有一半的时间是在学校度过的。在很大程度上，他们在班里的感受，以及他们觉得在那里是否被接纳，决定了他们的心理状态和他们的自我评价。

成年人可以选择自己身边的人，因此对成年人有效的套话和方法，对孩子不管用。归属感的需求是我们存在的一部分，不能简单地用肤浅的口号让孩子来否定这一点。

那么，结论是什么？

如果我们想有效地解决欺凌问题，我们必须停止指责，这会将问题掩盖起来，导致我们为自己辩解并推卸责任。

我们必须：

- 认真对待孩子，不轻视所有突发事件。
- 学会识别欺凌行为，并将其与冲突或争吵区分开来。
- 采取明确的立场，每个孩子都有权在学校感到安全和舒适。
- 培养一种意识，即欺凌是一种群体现象，因此需要在群体层面予以解决。
- 与孩子们一起制订解决方案，不对任何人做出评判。

孩子被霸凌，
父母可以做些什么？

设法了解霸凌的情况

孩子们通常不会说起被欺凌的事情。因为害怕被当作告密者，因为害羞，或因为担心父母的过激反应让事情变得更糟。在大多数情况下，父母可以通过日常生活中的观察，发现孩子不对劲的地方。

如果您的孩子有以下行为，那可能出现了霸凌事件：

- 不想去学校，为了待在家里，找各种借口，当您问及原因时，他会躲闪推诿。
- 几乎不跟其他孩子联系，不被邀请去庆祝生日或郊游。
- 当他生病需要补课的时候，不知道该给谁打电话（比如为了知道自己缺了哪些课）。
- 突然上学迟到或者回家花了很长时间（因为他不想碰见其他同学）。
- 讲述奇怪的故事，来解释身上的伤或者"丢失的"以及被损坏的物品。
- 行为异常。有的孩子变得敏感，对兄弟姐妹突然变得很有攻击性。有的孩子变得消沉，他们缩到自己的壳里，对自己的爱好也失去了兴趣。在上学的头一天晚上，他们通常很难入睡。
- 为了不参加运动会、班级露营或学校活动周，寻找借口。
- 总是会做一些暗示，比如"本来就没有人喜欢我""他们怎么都不愿意跟我一起玩儿""我不能让大家满意""其他人反正也没有时间跟我一起"。

如果您把您观察到的事情告诉老师，会很有帮助，这样可以使老师了解的情况更加完整。老师同样也会有一种模糊的猜测，因为霸凌通常是隐秘发生的。如果老师跟您说了比如下面的这些话，那么出现霸凌事件的嫌疑就更大了，您的孩子：

- 课间休息的时候，只想待在教室、躲在厕所或图书馆里。
- 自己站在操场边儿上。
- 想接近老师，而不是跟其他孩子玩儿。
- 在学校里注意力不集中、漫不经心或心不静。
- 在小组活动中很难找到搭档。
- 体育课上没被选进队伍里，或者不想在更衣室换衣服。
- 课堂上不发言。
- 学习成绩突然下滑。

如果出现了这些迹象，您可以继续问："假如我的孩子说了什么，其他同学会嘲笑他吗？他们会转过头不看他吗？他们会低声议论吗？他们给我的孩子起恶意的外号了吗？他们经常捉弄他吗？"

请您注意，不要指责老师。如果这次交流坦诚而顺利，您可以表示感谢，并询问是否可以再次前来。

上面所说的这些征兆，都还不能百分之百确定孩子遇到了校园霸凌。但是，您仍要找机会跟孩子聊一聊。

与孩子谈论霸凌

谈论霸凌对孩子来说很困难。因为这会给孩子带来羞愧和害怕的感受。如果您要和孩子聊聊您所观察到的事情，无论如何都不要把他逼迫到防守的状态。比如"现在说一说，发生了什么"或者"我注意到有点不对劲儿"，这些话会给孩子带来压力，让他觉得必须要进行辩解。

一次坦诚的交流需要一个良好的环境。如果对话是不经意间发生的，孩子会感到轻松一些，比如散步或拼拼图的时候，或者讲完睡前故事的时候。这样的谈话还需要足够的时间。您可以在单独两个人坐长途车的时候或者郊游的时候说起这个话题。孩子很可能已经憋闷了许久，不想匆匆忙忙地来说这件事。

您可以用下面这种方式进入谈话：

- "我发现你好像跟其他人的关系很紧张。"
- "我注意到你最近很郁闷。"
- "你现在很不愿意上学。"

您也可以讲述一段自己的经历，一段在学校里或跟其他孩子相处不愉快的经历。

一旦孩子敞开心扉，您一定要避免责备，比如："你为什么不早说？我们可以帮助你！"或者"你为什么不向老师求助？"很重要的一点是，不要让孩子觉得这次对话像是一次审讯。

您可以用下面的方式给予孩子支持：理解他的感受（"这一定让你很伤心""你要给他一耳光就好了""这种情况下你肯定一点都不想去学校了"），向他保证会支持他，如果他不同意，您不会做任何事情。

如果孩子们长期受到欺凌，他们有时会失去对是非的认识。他们开始相信自己就是欺凌的罪魁祸首。在这种情况下，非常重要的一件事情是，您要一次又一次地帮助孩子对事件进行正确归类，并明确地告诉他们，这些事情是不可忍受的。

您要变得主动一些

您可以同孩子一起讨论一些解决方法，共同选择行动的方案。

建议您不要仓促行事。人们经常会在第一时间过于激动，做出一些让情况变得更糟糕的事情。不要采取下面这些措施：

- 直接去找那个带头的孩子，或者给他父母打电话。
- 直接走法律程序（网络暴力是例外，特别是如果有羞辱孩子的视频或图片在网上传播时，就要马上采取这条措施！）
- 强迫孩子自己去跟老师谈这件事。
- 给孩子提出建议，并坚持让他执行（"不要把这件事放在心上。"）。

学生中的欺凌现象必须要在学校解决，因此他们需要帮助。学校的社会工作者最了解如何更好地处理这种事件。如果您的学校没有这些人员，那您可以跟老师谈，可以询问一下，学校是否有应对校园霸凌的方案，教师可能会如何处理。如果班级管理人员不能提供帮助的话，其他您还可以求助的人有学校管理人员、学校心理医生或者学校董事会。如果事情仍旧得不到解决的话，也可以向警察告发，让他们了解这件事，从而敦促学校做出反应。如果所有这一切还是没用的话，有时就只能转学了。

老师通常不知道如何处理霸凌事件，接下来我们会介绍一种可能有效的方法。

您要向孩子保证，不会放弃。对于孩子来说，很重要的是，他知道："我的父母会一直寻找解决方法，直到我感觉变好。"

您也要注意，不要忽略美好的生活。特别是在这种困难的时候，让孩子拥有下面这种感受很有意义："有人喜欢我，喜欢和我在一起，我对他们很重要。尽管我生活里有一些不愉快的事情，但还有很多能够给予我力量和温暖的事情。"如果您一方面能保证这起霸凌事件绝对会得到解决，另一方面能让孩子拥有一些喘息时间，才能最大限度地帮助孩子。

结束校园霸凌，
使用无责备干预法

积极的班级氛围最能促成一节课高质量地顺利进行，其他因素都无法比拟。如果因为霸凌，破坏了班级氛围，那么个别学生就不能参与到课堂中。霸凌行为搭建了一个舞台，引发了所有学生情感上的高度关注，而学习就降级成了一件次要的事情。

若想让孩子乐意认真学习、积极参与课堂活动，就必须确保他们拥有安全感。如果回答错误，就得忍受别人的白眼儿或嘲笑，那还不如不回答。如此慢慢地就会形成这样一种氛围：没有人愿意暴露自己的弱点，以给别人提供一个攻击自己的平台。因为对班级氛围的影响主要来自于学校，所以下面的内容主要针对学校的老师。

在抵制霸凌行为时需要老师

老师有责任让每个孩子都毫不担忧地去上课，无论您教哪个年级，无论您是专业课老师还是班主任。您可以请求学校社工或学校管理人员的帮助，但您自己仍然要对自己的班级负责。只要霸凌在您的班级中存在，您就有责任关注这个问题。如果外部的干预不能让情况得到根本改善，您就要主动寻求其他的解决办法。如果您被周围人欺凌，您一定期待学校领导的帮忙，希望他们找到方案，直到问题解决——而且他们不能只试一次。因为在处理霸凌问题时，如果大家对一个敷衍的方案表示满意的话，就会助长霸凌行为带头者的气焰，就会给他们发出一个信号，即他们处于优势地位，可以掌握控局面。

我们完全理解，当班里有孩子被欺负时，作为老师，您会感到不安心，感到无助。因此，我们想为您介绍一些尽可能具体的做法。

我们也想鼓励您亲自参与其中。一位外部的专业人士可能拥有大量的方法和经验，但是只有您跟学生建立了亲密的关系，只有您了解班里的每一个孩子。您能够看到，您的干预措施是否有效，接下来的事情是否有所转机，您可以看到那些积极的改变并让它得到进一步加强。此外，如果您已经同班里的学生建立了良好的关系，他们会因为您的缘故，愿意去帮助那个被欺凌的孩子。我们接下来要讲述的无责备干预法，正是建立在这些因素的基础上。

不惩罚不归咎地应对霸凌——使用无责备干预法

1992年，英国的芭芭拉·麦恩斯和乔治·罗宾森研究了无责备干预法，他们将霸凌理解为一种群体事件，他们的目的是改变班级内部的群体动力（译者注：群体动力是指个体进入群体情境中，与其他人组成的社会环境相互作用的过程）。因此，他们不采用归咎和惩罚的方法。

从多种因素考虑，我们认为这种做法很有意义。

第一，老师得到了减负。因为霸凌通常是悄悄发生的，因此很难探究其"真相"。特别是当证词相互矛盾，同时有很多同学包庇带头者时。

第二，一旦进行归咎，会马上导致带头者和同犯（根据无责备干预法，他们被称为帮凶和起哄者）对自己的行为进行辩解、否认或者把责任推到被欺负的那个孩子身上。

第三，我们经常会发现，如果霸凌行为带头者和同伴被批评或惩罚的话，会增加其他人对被欺凌孩子的敌意。接着这个孩子会被骂作是"打小报告的人"。很多时候，会发生偷偷的报复行为，以至于受害者被多次恐吓，只能隐瞒自己受到的伤害。因为害怕周围人的报复，他会选择沉默，这绝对是一个更严重的问题。

第四，如果这个被欺凌的孩子竭尽全力来陈述他所遇到的那些尴尬和屈辱的事情，还必须要为此提供证据的话，对他而言，会产生沉重的压力。

第五，如果没有证据的话，老师宣布并执行惩罚措施会很难。霸凌行为带头者的父母很快就会频繁找到您，因为他们觉得自己的孩子受到了不公平的待遇。

第六，对于霸凌行为带头者和他的同伴而言，他们很容易选择其他不容易被看到或几乎不用被惩罚的欺凌行为。在这些情况下，那个受欺负的孩子大多会被孤立。大家会用各种方式展示对他的轻视，不让他参加游戏，把他当成空气，或者用难以捉摸的动作和模棱两可的评论不断地击中他的痛处。

鉴于这些实施惩罚可能会出现的后果，我们更同意麦恩斯和罗宾森的建议，放弃惩罚措施。但是我们想说两个例外情况：

- 青春期时霸凌行为的次数会降低，但强度会提高。如果发生了犯罪行为（身体伤害、偷盗行为、破坏他人财产、非法闯入他人住宅、性侵），那就应该请警察参与处理。
- 如果涉及网络暴力，即在网络上传播视频、照片或流言，应该直接报警。原因在于：这些内容会不受控制地迅速传播，之后几乎不能被完全删除。

除此之外的其他情况，您完全可以采取改善受害者的处境，同时创造一个积极的班级氛围的策略。

利用人际关系和信任感找到解决方法

无责备干预法背后隐藏着一个基本的态度，这种态度具备信任的特点，同时要能呼唤出每个孩子内心的善意。这个解决方案不是自上而下的命令，而是邀请孩子参与其中，提出自己的想法。这个方案的执行建立在自愿的基础上，正因为如此才能够被孩子接受。

为了打破不良的群体动力，可以赋予孩子们一个新的正面角色：帮助者的角色。这样就可以建立起一个帮助者小组，由6~8名孩子组成。小组中一半的孩子曾经参与过霸凌行为，另外一半是那些迄今为止保持中立或试图保护受害者的孩子。老师要无差别地对待小组中的所有孩子，向他们提出积极的期望，请他们帮助改善受害者的处境。在此期间既不能使用"霸凌"这个词语，也不能提及任何一次霸凌事件。但是老师得明确一点，必须要让这个孩子的处境朝好的方向发展，这个过程要依赖于小组的帮助。这个方案分为三步。在海克·布鲁姆和德特勒夫·贝克的《无责备干预法》一书中您可以找到每一步的具体操作。书面形式的谈话可以让方案执行起来更加保险，那些示范性的问题也能启发人们如何开启和组织谈话。

步骤1：同被欺凌的孩子谈话

首先，老师要同受害的孩子谈话。要注意，尽可能简单地让孩子敞开心扉。

老师要向孩子保证，自己会为他保密，答应他，不经他的允许不会做任何事情。注意：谈话要悄悄进行，不要让其他学生发觉。

比如可以要求孩子放学后帮忙打扫卫生。

老师可以先说一下自己观察到的现象，以此来进入对话，比如可以说："我发现，你最近课间休息的时候总是自己玩儿，没以前那么高兴了……"

不要涉及细节。只要孩子同意这种说法，就足够了。

接下来要激发孩子对您的信赖感，让他相信他的处境能够改变，您会坚定不移地帮助他。比如您可以说："你在班里过得好，对我来说很重要。我有个主意，可以解决这件事情。你想听一听吗？"这时您可以跟这个孩子描述一下解决过程（步骤2和3），并取得他的同意。可以要求孩子说出那些现在欺负他的主要人员的名字——以及一些保持中立或表示友好的孩子。有了这些信息才能开始第二步。

步骤2：组建一个援助小组

老师可以根据被欺负孩子的描述，建立一个由6～8名孩子组成的援助小组。与专业课老师商量后，可以在上课期间把这些学生叫出来。这些孩子之前就已收到了一份书面的请求他们帮助的邀请。在海克·布鲁姆和德特勒夫·贝克的书中您可以找到不同的范例。

重点是不要邀请被欺负的那个孩子。对他来说，参与这个小组是个巨大的负担，同时会加大霸凌行为带头者及其同伴适应新角色的难度。

老师要对这些孩子表示欢迎，同时向他们讲述一下具体的任务。

老师要让学生知道自己现在对整个班级的状况感觉不是很好，因为那个被欺负的孩子处境很差。您可以强调，班里所有同学拥有被支持的和安全的感受，对您来说有多么重要。这是很核心的一点，因为这会激发部分学生提供帮助的动力。

每个孩子都是以帮助者的身份被邀请的。因此平等地对待每一个孩子也很重要。比如可以告诉那个霸凌行为的带头者，因为他有很多很棒的主意，其他人很重视他的想法，所以他才被邀请。关于怎么处理孩子们之间互相归咎的问题，上面提到的那本书里给我们提供了很多启示。

在援助小组的帮助下，可以收集一些好主意，以使这名被欺负的孩子重新感觉良好，并拥有上学的意愿。通常，那些没有参与过霸凌的孩子会最先提出建议。那些霸凌行为带头者的同伴（起哄者和帮凶）会在老师的鼓励下建言献策。最先发起霸凌行为的孩子会亲眼看到，这件事已经翻篇儿了，他们不能再期待之前的行为能够得到认可和鼓励。接下来，他们大多会很愿意放弃之前的行为，甚至会成为帮助者的角色。如果每个孩子都能提出一个建议，那么责任就移交到了整个小组身上。如果谁愿意的话，还可以把自己的建议付诸实践。该步骤的最后，要确定一个后续跟孩子们谈话的时间。

步骤3：后续谈话

后续的谈话可以产生一种约束力。它会让孩子们知道，老师在持续关注着这件事，并且在积极地为情况的改变而努力。组建援助小组一至两周后，您可以邀请每个孩子进行一次单独的谈话，让他们对现状做一个评估。首先要跟被欺负的那个孩子聊一聊，然后可以跟援助小组成员单个谈话。

这些措施可以让谁知道？

援助小组的成员可以自由选择是否想跟其他孩子或自己的父母讲述这个小组的事情。但是老师不能告诉任何人。当然可以跟那个被欺负的孩子的父母描述一下整个过程，并针对疑问进行交流探讨。通常父母对这些措施都会感到高兴，但是一定要向他们解释清楚，为什么老师会放弃惩罚这种方式。同时还须要求父母，也不要采取惩罚措施。如果情况没有任何改善，或者在经过一段成功的干预后，霸凌行为再次出现时，您要恳请孩子父母及时告知您。

一般情况下，不要告诉其他孩子的家长。如果父母带着疑问去找您，比如想知道为什么自己孩子成了援助小组的成员，您可以简单说一下，有个孩子在学校过得不好，您请他们的孩子来帮忙。如果您跟父母讲，他们的孩子是霸凌行为的主导者或者参与者，就违背了这个方法的初衷，因为这个小组里的每个孩子都被视作小帮手，如果霸凌主导者的父母采取了惩罚措施，那么所有的努力都会白费。

通常，通过这种方式会产生一种良性循环，但是老师必须要持续关注事情的发展。如果霸凌行为再次悄悄出现，就要重复第二个和第三个步骤。如果尽管您实施了干预，霸凌行为还是存在，就必须要寻找其他解决方案了。

如果您的孩子参与了霸凌

霸凌行为不是小错，哪怕您是局外人，也要对此负责。无论是父母、教师、同学，还是学校的社会工作人员——每个个体都可以为了改善被霸凌孩子的处境做出自己的贡献。

也许您的孩子没有参与霸凌，但您从他那里无意中得知班里有个同学总是被其他人欺负。这时您就可以把这个信息传达给学校，为阻止霸凌贡献一份力量。如果您的孩子害怕被当作告密者，您一定要告诉老师他的这个担忧。要向老师表达这个请求，对这个信息一定要做慎重处理，如果老师要插手这起事件，千万不要提及孩子的名字。

老师经常不确定被霸凌孩子的家人是否夸大了事实，或者他们不能正确评估霸凌行为的程度。当您从一个未参与其中的孩子的视角告诉学校这件事的话，老师能更容易地判断出这个霸凌行为，更好地评估事件的发展程度。这样也会加快采取行动的紧迫性。由此，班级就可以给所有人创造一个更安全和更好的学习氛围，也包括您的孩子。

如果您怀疑自己孩子参与了霸凌行为，您需要勇气来正视这个情况。很可能您跟几乎所有其他的家长一样，完全无法想象，就是您的女儿，这个在足球比赛中公平公正的运动员，或者您的儿子，这个对兄弟姐妹无比亲密爱护的孩子，给别人的生活带来了磨难。您要记住，霸凌是一种复杂的群体行为，它通常有一个形成过程，而孩子们随着时间的推移无法对这个过程进行正确的判断。

因此，很重要的一点是，您要告诉老师自己观察到的事情和自己的担忧，必要时请求帮助。想想自己为了改善班级氛围，可以做些什么？作为父母，如何为学校的解决方案提供支持？

您可以在家里（必要的话提前跟老师商量一下）选择一个安静的时候，跟孩子坐到一起，聊一聊您观察到的事情。要避免责备的话语，比如："我听说你排挤蒂娜，欺负她……我们可从来没这么教育过你……你要是继续这样欺负她，有没有想过她会怎么样？怎么会发生这样的事情？"这些话顶多会让孩子觉得这件事无所谓，并且否认自己参与了这件事。虽然很难，但也要放弃为不确定的事情来惩罚孩子。通常，如果父母采用这种方法，会激起孩子对受害者的恨意，并燃起"报复那个可恨的告密者"的冲动。责骂和惩罚会让孩子处于防御状态，这个时候，几乎完全不可能再和孩子一起思考解决方案了。相反，如果您尽可能客观地告诉孩子您观察到了什么，会更有效，比如："我感觉蒂娜最近挺不开心的。我早上经常在这儿看见她路过。她总是一个人，看起来很伤心……"如果孩子搪塞推诿或者说其他人不好时，您可以先接受，同时表明立场，例如："确实，大家不用跟每个孩子都成为很好的朋友。但尽管如此，我觉得每个孩子都有在学校里和在上学路上开心的权利。"您要表明自己明确的期待，希望自己的孩子能够帮助被欺负的那个孩子开心起来："你知道吗？当那个孩子伤心或者郁闷的时候，我觉得我们每个人都可以做一点事情。你也是一样——当你在打排球的时候，总是尽心尽力让整个比赛顺利进行，不让任何一个人受到忽视。那么你可以做些什么，让蒂娜在学校里再次开心起来呢？"您可以跟孩子讨论各种各样的行动方案，并跟他约定几天之后再进行一次谈话，来讨论他的计划执行到什么程度了。

当您越能按照以下规则去做的时候，您的计划将会越成功。

- 越不以警察的角色自居，去审问孩子，并对他的恶作剧进行惩罚。
- 越努力地呼唤孩子内心的善良。
- 越明确地提出自己的期待，希望孩子为了其他人的幸福而努力。
- 越充满信任地追溯谈话的内容，并想了解事情是否得到了改善。

您可以对事情进行密切关注，采取明确立场，通过这种方式您就向孩子传达了一个信息：我，作为你的妈妈/爸爸，爱着你，并且知道，你身上有很多闪光点。出于这个原因，我盼望你能对他人充满尊重，并能一直帮助他人——我坚信，你能做到这一点。我会对这件事情保持关注，绝不放松！

第 4 章

让孩子内心
强大，父母自
身怎么做？

什么是错误的教育方式？

一本杂志上曾刊登了一篇文章，里面说到很多父母担心他们在养育孩子方面犯了严重的错误。如今关于"正确的教育方式"的观点多种多样，"教育专家"的意见也各有不同。因此，也难怪很多父母变得不知所措，害怕自己给孩子的发展带来不好的影响。

但是真的存在错误的教育吗？谁定义了哪些教育是错误的呢？这些错误能否再次得到弥补呢？这是三个有趣的问题。

我们不是某种教育理念或方法的拥趸者。我们希望父母跟孩子能建立一种关系，以促使孩子成年后能说出下面这些话："我了解自己，我可以接纳自己，我知道自己喜欢什么，我愿意做什么，我能做好什么，我能跟其他人建立良好的人际关系，并以积极的姿态和方式共同构建我身边的世界。"因此，什么是错误的教育？我们不想把这个问题局限到某种特定的教育理念上面，但是我们可以观察一下诊疗室里的情况，并且思考一下：那些人跟自己的父母之间究竟发生了什么令人伤心的事情，以至于成年后还无法释怀，以至于他们完全失去了生活的乐趣和自我价值感，以至于他们心理上产生了疾病？当我们提出这个问题时，几乎不可避免地会谈论到人们最基本的心理需求。如果这些需求一直被忽略甚至压制，对一个人的发展就会产生严重的后果。这些基本心理需求包括对安全、依恋、自主、尊重和生活能力的需求等。

根据这些需求，我们可以推导出孩子应该培养的一些基本信念，并且我们认为，当父母以某种方式同孩子交流，但产生相反的效果时，我们就会说父母犯了一个错误。

父母是孩子恐惧的来源

在同父母的关系中，孩子必须要有安全感。孩子应该知道，父母会保护他免受危险的伤害。当他们需要父母的时候，父母会令人信赖地陪在他们身边。因此，在养育孩子的过程中，如果父母使用了身体或心理暴力，就会违背孩子的心理需求，从而成为孩子恐惧的来源。特别是当父母情绪不稳定，孩子必须时刻保持警惕的时候，这种影响就会更大。我们熟人圈里有几个成年人，他们的父亲就是脾气暴躁的那种人，导致他们成年后依然有种时时刻刻都被威胁的感觉。其中一个人跟我们说："我还记得，三岁的时候，我试着轻轻地把乐高积木从盒子里拿出来。但是我不小心把积木掉到了地上，发出了很大的声音，紧接着我就挨了一耳光。"

当父母心理太脆弱而不能胜任自己的角色时，孩子也会缺少安全感。比如，患抑郁症或上瘾症父母的孩子，他们通常很早就开始承担很多责任，甚至要照顾母亲或父亲。有时父母的病严重到孩子不想让父母离开自己的视线，因为他们害怕，父母会在自己看不见的时候伤害自己，甚至会自杀。

也会经常出现这种情况：父母把自己的心情和感受不加过滤地转移到亲子关系中：当父母心情好的时候，会用爱和亲情来守护孩子，但第二天当他们又忙于自己的事情时，对孩子显得很疏远和不耐烦。这种模式也会导致孩子缺乏基本的安全感，因为孩子一直忙于提前感知父母的所有情绪，并使自己适应这些情绪。

附加条件的爱

孩子的健康成长不仅仅需要安全感，他还要知道自己是被爱着的。如果孩子知道自己不孤单，父母愿意为自己花时间，享受和自己在一起的时光，能够倾听自己的心声，为自己的存在感到开心，这就为孩子的健康成长奠定了一个最重要的基础。

不是所有的孩子都能有这样的经历。有些父母明确地告诉孩子，他是父母的负担。他们公开对孩子说："你真是不像话！因为你，我们总是有麻烦！"或者"有时我真想把你丢在家里！"这些都是一些可怕的信息。孩子需要的不仅仅是被爱，而是作为一个独一无二的人而被爱。他希望成为父母珍视的礼物，而不是负担。

有些父母很难接纳孩子本来的样子，很难让孩子走自己的道路。他们无法摆脱自己脑子中的设想，将他们的爱附加了一些条件。他们向孩子表明："我爱你，如果你做出杰出的成就/你是特别的/你乖乖地遵守了规则/你与我的观点或宗教信仰相同。"如果孩子不满足这些条件的话，他们会通过生闷气或不理睬孩子的方式收回自己的爱。

将羞辱作为一种育儿方式

毕竟，我们都需要自信以及完整的自我价值感，我们希望体验到能够克服挑战和被无条件接纳的感觉，而很少有东西会像羞辱一样快速有效地破坏这种需求。

在我们上学的时候，老师经常用羞辱来使学生服从。当你明显没有专心听讲，你就会被叫出来，到讲台上做算术题或用外语写句子，然后老师当着全班同学的面训斥你的错误。

为了说明羞耻感有多影响学习，我们在培训活动中经常会让老师们快速接龙做几道简单的心算题。通常用不了多久，有人在碰到像"24+36"这样简单的题目时，就已经面红耳赤根本无法思考了。当然这时我们就会马上停止练习，并且提出问题："您的脑海里出现了什么？您有什么感觉呢？谁有同样的感觉呢？"令人惊讶的是，每次都有很多老师回答："我完全无法思考，只想着：千万别是我！""我大脑一片空白。上学的时候我们总是要做这种可怕的算术游戏，所有人都得起立，只有当他给出正确答案时，才被允许坐下。我总是最后的那几个，太尴尬了！"接着，我们会跟老师们讨论，人们有多容易采用羞辱的方式来获得安静和秩序，以及这种方式产生了哪些严重的、长期的后果。

我们总是十分震惊地了解到，有些老师完全在利用其他孩子，来给某个孩子制造压力。前不久，一个多动症女孩儿的家人跟我（斯蒂芬妮）说："乔伊斯班里的老师采用了一种新的反馈系统。在一周结束的时候，每个孩子都必须给一位同学出示红卡，并且解释对方如何给他造成了干扰。乔伊斯哭着回到家说："几乎所有人都给了我红卡！他们痛恨我。我再也不想去学校了。'"多可怕的一件事啊！有时，为了为难个别孩子，甚至像班委会这样有意义的程序也在被滥用。

但是，即使在家里，羞辱孩子也是一种很普遍的现象。很多父母根本没有注意到，他们是如何让孩子在他人面前出丑的。父母顺嘴就会说出这样的句子，比如："你真是个大笨蛋！你难道从来没有学过吗？""必须要把所有事情跟你解释十遍吗？""这样你永远都成不了事！"这种信息使孩子确信，自己是无能的，并且无法改变。

很多事情可以修复

当我们在熟人圈子里询问的时候，总是一再震惊有多少人的父母，在他们小的时候没有真正重视过他们的需求。但是，他们中的大多数人仍在设法过好自己的生活，而且我们特别高兴的是，他们也在努力为自己的孩子提供那些自己当年不得不错过的东西。

如果有父母在这部分内容里找到了自己的影子，我们想说：承认自己的错误并从中吸取教训，永远都不晚。不是所有的事情都可以弥补，但很多事情可以修复。如果孩子看到父母真正的改变或父母成功地改变了破坏性的关系模式，孩子往往可以原谅他们。

当父母承认自己的错误，开诚布公地进行道歉，并想拥有

全新的亲子关系时，甚至连成年后的孩子也会受益。一个大约
50岁的熟人说："我妈妈得阿尔茨海默症已经好多年了。自从
得病以后，她就像变了一个人。她从一个被束缚的、虔诚的、
感情冷漠的女士变成了一个温暖的、有爱心的和充满幽默感的
人。就好像我重新认识了她，这让我感觉无比美好。"另一方
面，我们也认识一些成年人，他们一直在等待父母的道歉，并
被一些问题折磨，比如："我的父母是否知道，或者至少意识
到他们对我做过什么吗？他们有时会不会感到抱歉呢？"也许
当他们得到一个答案后，才能更好地处理这些问题。

现在的父母感觉不安——这很正常

如今，很多父母在同孩子交往的时候总是会感到很不安。
他们向自己提出问题并对自己产生怀疑："作为父母我们应该
如何设置界限？我们应该表现得多坦诚？我们如何更好地陪伴
孩子度过学校时光？为了让孩子为未来做好准备，我们必须要
做些什么？孩子多大可以在晚上外出？我们的态度是否正确？
为什么我们没有耐心了？我们是不是必须要重视更健康的饮食
呢？什么时候我们可以让孩子自己做，什么时候我们必须要
插手？"

这些不安被很多人解读为缺点：现在的父母可能已经失去

了自己的直觉，无法再信赖自己的本能。他们不能独立思考，在每一件糟糕的事情上可能都需要一个顾问。

我们的直觉建立在经验的基础上

当我们谈论直觉的时候，通常指的是天生的父母的本能。然而在人类发展过程中，这些只是初始阶段的特质，主要涉及与婴儿打交道。此外，我们的本能行为仍然只是为了让我们的孩子过好狩猎者或采集者的生活。

当我们的孩子在超市里因为想要新的芭比娃娃而大发雷霆，太长时间沉迷手机或者为了准备考试而熬夜时，我们那一套与生俱来的本能体系就会出现问题。

让我们来看第一种情况：一个四岁的小女孩儿在超市里大哭大闹，因为她想要芭比娃娃。在这种情况下，我们的压力系统会被激活，我们会变得紧张激动。如果我们任由自己的冲动引导行为，我们很有可能会做出不利的反应。也许我们首先会感到羞耻，因为其他人在盯着我们，这可能会诱使我们去买那个芭比娃娃，但不是因为我们觉得它有意义，而是因为我们想尽快结束这种尴尬的情况；也许愤怒会冲上头脑，导致我们对孩子大吼或者冷眼旁观、置之不理；也许我们会让事情变简单一些，对孩子撒谎："我们买不起这个。"

一个成熟的反应可能是，理解孩子的情绪，引导他处理自己的沮丧情绪。如果孩子有特别急切的愿望，就很难让他放弃，也很难让他忍受随之而来的情绪。作为父母，我们可以体会一下孩子的感受，拥抱他，面对他，将他的情绪用语言表达出来："我知道，你非常非常喜欢这个娃娃。"同时，我们则继续忍受孩子的哭泣，但不去买那个芭比娃娃。在此期间我们必须要管理好自己的情绪，要明白，从长远来看，当我们自己保持平静的时候，孩子才能更好地平静下来。

这种应对方式对父母提出了极大的要求。我们发现，如果父母自己太紧张、太疲惫或太愤怒的话，通常不能成功地以这种方式来理解孩子、共情孩子。

在这些情况下，我们不能依赖本能，最多依赖直觉。这里的直觉指的是，对于那些经常有机会亲身体验这种与儿童打交道的方式的人来说，做出有能力的应对方式是比较容易的。无论是因为他们自己的父母有这样的应对方式，还是因为他们经常目睹别人以这种方式对待孩子。

对其他人来说，这是一项艰苦的工作。一方面，他们要与自己最先产生的冲动情绪做斗争，这对他们来说也会感到不习惯；另一方面，每当人出现陌生的、不习惯的感觉时，不踏实感就会自动浮现。

如果我们渴望在同孩子的交往过程中找准自己的立场，表达自己的内心，并传递自己的价值观，我们就必须要去探索并忍受自己的不安感。

由于现在很难明确什么是好的或者正确的、有效的育儿学说，情况就变得愈发艰难。在关于睡眠、处理叛逆行为或媒体消费等看似简单的问题上，我们找到了大量的建议，但是其中一些建议充满矛盾的说辞。

之所以出现这种情况，是因为专家也代表着某种价值模式，针对人类及人类的发展有自己的一种理念以及一套目标。与此同时，这些不同的价值观会形成相互矛盾的关系：比如怎样平衡对群体的适应能力和个人的自主性。如果专家代表着一种极端的观点，比如要求孩子顺从周围的社会，或者孩子的自主性高于一切，媒体就会特别感兴趣。

如果阅读育儿指南，我们不会获得关于什么是正确的或错误的结论性的答案。相反，我们应该听从自己内心的声音，并思考这位作家或专家是否代表着那些我们可以认同的价值观和养育目标。下面这个问题可以帮助我们进行一个粗略的评估："我是否希望这个人成为我某个孩子的老师呢？"

我们经常感到不安，这不仅是正常的，可能还是一种健康的现象！

为什么我们要同自己的不安和解呢？

我们每个人都认识那么一些人，他们对所有的问题都会提出一个简单的结论或答案。出现扎眼的行为？那就严厉打压一下！气候变化？根本没有这样的事儿，以前四月份也下过雪！

在心理学中，人们会谈到邓宁-克鲁格效应，意思是我们在某个领域的知识和能力越少，我们就越有信心。我们高估了自己，没有注意到别人知道得更多。甚至在生活中的个别领域，也可以观察到这种效应：那位医生很生气，因为有些病人认为，自己在网络上快速搜索一下，就能做出比医生更好的诊断；晚上看足球转播的时候，一个球迷对教练的行为感到恼火，并清楚地知道这个教练得怎么做才能干好自己的活儿。

不确定性往往意味着进步。这可能是一个信号，表明我们开始意识到现实是复杂的，没有最终的唯一的答案，我们必须找到自己的路（包括弯路和错路）。人类是复杂的，孩子将成为什么样的人以及如何在这条成长路上陪伴他，这个问题是如此之大，以至于除了几个美好的猜测之外，我们还想做更多。

压力下的父母与孩子如何突围？

有时我们很难理解，为什么压力和倦怠成了我们这个时代最大的问题。难道我们的先辈遇到的是完全不同的难题吗？当我们的祖父母讲述过去的故事时，总是会提到贫穷、战争或艰难拉扯很多孩子的话题。某个孩子夭折的悲伤故事总是司空见惯。我们的父母也不容易，他们讲述他们的老师，哪怕犯了最小的错误，都要拿起藤条责罚他们。他们会跟我们讲遭遇到的惩罚、严苛和冷漠的老师。跟他们相比，我们现在的生活看起来多么美好啊！不必为生活担忧，即使忘了写家庭作业，孩子们在学校里也不会挨打。在中欧，生存的威胁对于我们大多数人来说已经降低了。

但一种持久的、迷茫的威胁感却在与日俱增，我们无法将它正确地归到某一类问题中。我们只想选取两个角度来表明：有时恰恰是那些我们最珍视的东西，给我们带来了压力。

自由会给我们带来压力

人类历史上从来没有哪个时期像我们现在一样拥有这么多的自由和选择的权利。我们可以并且允许开启生活中的所有事情。我们想从事什么职业？选择范围太大了，以至于职业规划师自己都不了解所有的职业。我们想结婚吗？想成为父母吗？作为伴侣，我们应该如何规划自我？谁干多少活儿？谁承担哪项任务？孩子上不上托儿所？宗教信仰在我们的生活中处于什么地位？我们想住在哪里？

当我们看到这些问题时，马上就会发现：自由意味着压力！因为我们必须要做出选择。选项越多，就越害怕选错。我们经常会感到受束缚，就是因为没有能力去做出选择。

有些人一直在悄悄寻觅

有些人总是非常害怕错过什么，导致他们永远也无法投入地去做任何事情。他们总是在悄悄寻觅，即使他们对自己的工作很满意，但还在张望着更好的。他们说自己恋爱很美满，但却总是自问，会不会还有其他更适合我的人出现？

以前，很多孩子的人生道路早已经被规划好了：他们沿着父母的足迹，接管父母的庭院、企业或手工作坊。而今天我们根本无法知道，孩子将来会成为一个什么样的人。也许他们会从事一种现在根本不存在的职业。那么，我们还如何让他们为将来做准备呢？

很多人用下面这种解决方案来应对不确定性：我必须为我的孩子开辟所有的道路。否则我太害怕，他万一陷入绝境，以后可能会来责怪我们。我尽最大能力来资助孩子，让孩子获得尽可能高的学历，似乎是我们想要给予孩子走上人生大道的一张门票。此外，孩子们还应该具备尽可能丰富多样的能力和兴趣爱好。

开发潜力也有消极的一面

一次报告后，一位不安的母亲走向我们说："我女儿上一年级。放学后她只想玩儿，跑去花园里照顾动物，跟她朋友们玩儿。当我听到班里其他人在做什么的时候，我真的很担心。其他父母觉得，孩子需要学习一种乐器，要进行体育锻炼，这些都非常重要。我害怕自己对女儿的敦促太少了。"

除了自由和选择的机会，开发潜力也很受重视。孩子们应该发现他们的长处，以促使个人得到发展。我们总是听说，只要孩子处在一个合适的学习环境，他们会的就更多——还有这句话，即据说98%的孩子都是天才。如果讲述那些上大学的唐氏综合征患者的故事，就似乎能表明：只要使用正确的教育方法，一切都有可能发生。

我们满是憧憬地打听全世界好的教育范例。2000年，芬兰在国际学生评估项目中表现不凡，之后各种专家团纷纷来到这里学习教育经验，分享、报道它的教育方法。专家、父母和老师始终意见一致：那里是成功的，而其他国家比如德国和瑞士竟然还有"课外辅导"的需求。

这些报道很能触动人心。它们能够打动我们，赋予我们灵感。有时它们是困难时期的一种安慰。它们能让我们感受到：孩子身上还有很多潜力——我们必须要找到并开发这些潜力。一些不同的意见则被置之不理。在芬兰取得这次国际学生评估项目胜利不久之后，联合国儿童基金会进行了一次针对学生的调查显示：经济合作与发展组织成员里没有一个国家的孩子像芬兰的学生那样，不喜欢上学。

我们觉得，每个孩子身体里都有一个天才

不断地对现状进行质问和优化给学校和家庭带来了压力。每个孩子实际上都天分极高，每个孩子身体里都沉睡着一个需要被唤醒的天才，这种想法从反面来看意味着：如果一个孩子没有成为一个出众的人，那么我们就犯错了。我们错过了把他身上隐藏的能量和天分给挖掘出来的机会。父母除了对"最优秀"感到满意，似乎没有其他的选择了。

在一次去火车站的路上，我跟一个进修班的两名成员同行，其中一位老师讲到，她儿子现在终于找到了自己理想的职业，并当了老师。另一位成员补充说："是的，现在这种双元制教育可以让他继续考执业文凭，继续进修。"我（法比安）点点头，带着平常的表情说："是啊，我们在瑞士真是很幸福啊！"这位妈妈紧张地看着我们，回答道："他现在就想做这份教职工作，他喜欢这样，这就够了。每次我跟别人说的时

候，总是马上有人跟我说'他还可以……'。"

谁周末或假期更喜欢待在家里，而不是出去拓展眼界；谁把自己的工作做得好且心满意足，而不是不断寻找下个事业跳板；谁对孩子的健康和满足心怀感恩，而不是要求孩子出人头地；谁承认夫妻双方是个好的团队，而不是要每天充满激情……在别人看来，这样的人有些"可怜"。但是至少在某些方面，不要有那么多欲望，允许自己和孩子平凡、普通、无聊或者"足够"，也许正是应对过多压力的一剂良药。

不是孩子怎么了，而是父母怎么了

当想到"现在的年轻人"时，您脑子中会出现什么？您是否首先会想到所有的那些文章、采访和书籍，它们给我们现在的年轻人强加了各种各样的标签：他们不会处理人际关系、自私而霸道、只懂享乐、不能专心、沉迷手机、举止张扬、消费至上、不关心政治且毫无责任心？

这种印象对我们造成了很大的干扰。这些文章充斥在社交网络上，对年轻人很不公平。它们也使我们彼此疏远。

我们更高兴的是，格丽塔·通贝里（Greta Thunberg）的演讲受到了极大的关注，这位15岁的女孩相信，"为了有所作为，永远都不会年龄太小"。她有勇气在波兰气候峰会上，面对无数的摄像机，质询这个世界上那些最有权力的人物。

从2018年8月份开始，为了引起大家对迫在眉睫的气候灾难的重视，她每周五都逃课，参加游行示威，最初她违背了父母的意愿，也承受了大量的外部压力，随着时间的推移，她获得了越来越多的支持。同时，她动员了全世界数以万计的学生进行了气候罢课。

格丽塔·通贝里只是众多例子中的一个。菲利斯·芬克拜纳（Felix Finkbeiner）同样也十分关心环境问题。他对《法兰克福汇报》的记者说，"我们小孩儿觉得自己被束缚了"。但是他并没有缩手缩脚，反而变得积极主动，他开始植树。九岁时他组建了一个名为"为地球植树"的环保组织，这个组织现在活跃在50多个国家。

孩子们关心的不仅仅只是环境问题。2018年9月，来自汉堡的7岁男孩儿埃米尔受够了自己的父亲一直看手机，因此发起了一场儿童游行示威，口号是"我们在这里，我们在呼喊，因为你们只看手机"。

如果您睁开双眼看一看，就能看到有很多孩子，他们不仅敢于为自己发声，坚持自己的想法和感受，而且还能够积极地为自己的目标努力并行动起来。

特别令我们惊讶的是，他们是以一种冷静、谨慎和充满责任感的方式来做这一切，对此我们充满敬意。

演讲和游行是我们通过媒体得知的事件。如果跟年轻人交谈的话，就能发现他们当中的很多人有目标，能够承担责任，关心他人，重视家庭、友谊，看重公平和环境的意义。

即使媒体传递给我们的是不同的一面，无可辩驳的研究也显示：现在的年轻人抽烟酗酒较少，他们会主动追求健康的生活方式，他们对待上学、工作和大学学业更加认真，同时与以前相比，他们跟父母的关系更加亲密。

今天的父母

父母应该为这种趋势感到骄傲。当然也存在一些忽略孩子的父母、过度保护孩子的父母、控制欲强的父母等，我们都能想到一些例子。但是除此之外，还有很多做得很好的父母。他们用爱和真心对待孩子，从不骄纵孩子，他们告诉孩子人与人之间的界限感，并给予孩子充足的安全感，而不对孩子进行羞辱或惩罚。他们可以把孩子培养成有共情能力和可靠的人，能够独立思考的人，能够坚持自我和满足自我需求的人。

很遗憾埃米尔的父母沉迷手机时间太长，但另一方面，他们的儿子在七岁的时候就能发觉这种现象对自己不好，并有勇气表达自己的想法，同时找到一个有建设性的解决方案，甚至能动员其他人行动起来。好在埃米尔的父母正视了这个问题，并支持儿子的抗议活动。

以前也有一些父亲，总是埋头看报纸，几乎不加入大家餐桌上的谈话，但是他们可能不会把自己七岁孩子的抱怨看作一个机会，然后进行自我反思。

现在的孩子让我们不轻松

像格丽塔这样的孩子其实会让人不舒服。他们对我们说："你们还不够成熟，没有说真话的能力。你们甚至给我们这些孩子留下了沉重的负担。"——这种感觉，就像是我们被当场抓住了把柄，也许我们会感到羞愧，希望自己能够幡然醒悟。

我们培养的年轻人是要求高的年轻人，他们向我们发起挑战，我们必须证明自己值得他们的尊重。我们成年人不能再躲在地位、头衔和角色后面了。越来越多的年轻人提出"为什么"，并对"这就是原因""因为我们说了，你就要做"或者"别想为什么，做就好了"这样的话表示不满。

如果我们想要培养能够进行独立思考的年轻人，我们就必须要准备好自己被挑战。有时这样很伤人，并让我们感到不安。但它给我们提供了一个机会，探索已经存在的东西，并寻求更好的答案。

儿童和青少年精神病学家，同时也是《为什么我们的孩子成了小霸王》一书的作者迈克尔·温特霍夫在一次接受瑞士家长杂志《父母》采访时说道："因为孩子的心理是这样的：他所做的一切，仅仅是为我而做的。当我表扬他时，他会开心，他一直在追踪我的反馈。到14岁时，他才开始质疑事物是否合理。如果他正常成长的话，16岁时他才能够权衡自己应该做什么，不应该做什么。"

像格丽塔、菲利斯和埃米尔这样的孩子，面对类似的评价时，可能只会露出一个疲惫的微笑。

父母如何疏解自己激烈的情绪？

有孩子的生活，有时会让人沮丧。有时，一些父母会向我们进行"忏悔"，他们之前把家庭生活想象得太美好了，现在根本不想承认他们对叛逆的孩子高声怒骂，然后再自我鄙视。在11岁儿子做作业的时候，他们施以巨大的压力，虽然之前发过誓不这样做。他们在跟自己15岁孩子交流的时候，完全不符合一个平和冷静的母亲或善于沟通的父亲形象，虽然他们很想成为这样的人。但是这些该如何改变呢？

给自己多些理解

"为什么我这样做了？""现在我又失控了，我就是控制不了这个局面！""为什么我做不到，其他父母就可以？"很多父母，特别是母亲，在发完火后，自己也确实备受折磨。但是内疚感只会导致更多的压力，并不能更容易地让您在以后表现得有所不同。因此，多一些理解吧——对您自己！

这并不意味着要为您的行为辩解，只是当您进行自我反思的时候，对自己多一些共情。比如您可以对自己说："好了，对孩子吼叫不对。但现在事情已经发生了，如果再自我折磨，也没有什么用。当时很累，压力很大，之后怎么做更关键。"

想一想以后会如何应对

许多让我们烦躁的情况会一再出现。这有个好处，就是我们有机会做准备。与其思考我们又做 "错"了什么，不如想想，下次出现这种情况时，我们该如何应对。作为家长，疲惫、沮丧和时间紧迫是常有的事。各种情绪交织在一起，使我们更有可能大吼大叫。没有什么比压力更能让我们没有创造力。当情绪上来时，掌管我们理性的前额叶皮层活动就会切换至最低档。我们会不经思考地做出反应，重复之前的动作。我们缺少了必要的思考力，无法想出更聪明有效的方法。

如果我们退一步，在某个平静的时刻，冷静地思考以后想怎么做，那么我们极有可能想出一个更好的解决方案。如果我们把它写下来，那么在某个合适的时刻，我们就更有可能想起这个方案，并付诸实践。

您需要的只是一支笔、一张纸和15分钟的时间，等待一个您感觉良好、放松和精力充沛的时刻。当您去散步或去最喜欢的咖啡馆时，带上笔和纸，首先写下未来可能会出现哪些情况，目前您是如何应对的。

然后您可以开始头脑风暴，寻求另外的可能性。为了保持冷静，您可以先对自己说些什么？您可以如何回应您的孩子？有没有哪一次比较顺利呢？那么当时您的态度是什么？当时有哪些不一样的地方呢？

您也要注意，可以把一些疯狂的解决方案也写在纸上。

一个案例

当我的儿子在做家庭作业，心情非常糟糕，并对我态度不好时，现在的我是这样应对的：

- 我威胁他，如果他不取得好成绩，以后就没有任何机会了！
- 我对他说："你真的认为，我除了辅导你写作业，就没有其他事情做了吗？"

我以后也许可以这样：

- 用平静的语调说："你现在效率不高，可以休息一会儿，我先去写邮件。要是能继续写了，你就叫我。"
- 威胁和责骂没有任何用。让孩子自己做吧，我先去泡杯茶喝，然后再下楼！
- 问孩子是否更想和朋友一起做作业，或者在学校课业辅导时完成作业。
- 愉快地哼一首内娜的歌："无论何时何处，学习以何种方式开启。我不再等待，哒—哒—嘀—哒。"

把方案和选项写下来是非常有帮助的。我们不仅能想出许多在压力下想不到的方案，也会意识到我们在压力之下的反应往往是多么无用。

让我们来看看第一个选项："我威胁他，如果他不取得好成绩，以后就没有任何机会了！"当我们生气时，看起来这似乎是一个好主意。我们想把孩子唤醒，让他恢复理智。但是一旦我们把这个选择写到纸上，冷静地分析，就会意识到它多么没有效果。

现在从您想尝试的建议里选一个，在脑海中想象一下，情况是什么样的，您想如何应对。在头脑里多演练几遍这个过程，这样当下一次事情发生的时候，您就会更容易想到自己的计划。如果新的解决方案有帮助，就保留，否则就尝试其他建议。如果您进行一些新尝试，那么跟孩子一起的生活会变得更加平和而有趣。

拉着孩子一起

您也可以在某个平静的时刻和孩子一起思考，在情绪激烈的情况下，应该做出什么样的反应。您先说自己的需求是什么，然后问孩子，他的需求是什么。也许您能够找到一个可以顾及双方感受的解决方法，或者至少是一个大家都能接受的折中方案。

疏解情绪的小建议

- 在压力中，您无法好好思考，总会做出同样的行为。因此，要在心情好和时间充裕的时候，思考那些棘手的情况以及您可能会采取的应对方法。
- 把您的沮丧感写出来、发泄出来。这样您同这件事之间就会产生一定的距离感，您就可以更积极地去解决问题，而不是在脑子里转圈圈。

- 偶尔来一次头脑风暴（自己或者跟孩子一起），寻找新的解决方案，同时拉近亲子距离。
- 要有勇气去试验。世界上没有正确的解决方案。但是如果某个方法总是不管用，您就需要尝试一下其他的方式。

一些增加生活乐趣的建议

我（法比安）的儿子四岁时很喜欢秋天这个季节，他对我说："爸爸，快看这些颜色。当我的眼睛看到这么漂亮的东西时，感到非常舒服！"没有什么事情，比牵着孩子的手重新去发现世界更有趣了。每一天都突然变得好有意思：每一只蜗牛，每一只瓢虫，每一片奇特的树叶仿佛都变得不一样。作为父母，我们应该问一问自己，我们想为孩子的生活带来些什么：有爱，有一种健康的自我价值感，也许还要有一个好的教育方式。

但是我们也要想一下，我们希望孩子们尽可能长时间地保留什么，我们能从孩子身上学到些什么。从我们的角度来看，这包括享受和赞美的能力，因为孩子在这方面是真正的高手。

我们成年人最好把孩子当成榜样。哥廷根大学的一项调查发现，虽然大部分成年人认为，享受对于他们来说很重要，但是超过一半的受访者觉得"享受"这件事情在生活中被忽视了，他们对此感到很烦恼。这个现象非常令人遗憾，因为"享受者"对生活的满意度更高一些。

享受需要时间

为了能够享受，我们必须给予自己更多美好的时光。作为父母，这点很难，特别是当人们把"先工作，再享受"这句话内化于心的时候。

别人总是能联系上我们，这使得下班后把工作完全抛到脑后变得更难。大多数人在家里时，也有一个满满的待办清单等着。我们中的很多人几乎24小时都有事情要做。如果我们只是在精疲力竭无法继续工作时才休息，就不能为享受创造良好的条件。孩子也有类似的情况：做完作业后，总要准备下一场考试。在学习辅导中，我们会遇到一些孩子，他们总有这种感觉，还有什么事情应该或必须完成。只有当他们感到疲惫不堪、无法继续学习的时候，才允许自己有一些自由时间。但他们始终有一种负罪感，导致在休息的时间里，他们也无法完全放松。

一个15岁的女孩儿在谈及她的目标时，表达了自己的愿望，希望自己不再拖延，直接利用星期五下午的空闲时间来准备考试。在看了她的时间表后，我们确定地说："在星期五之前，你把这周的时间安排得满满当当。要是我，这样的一个星期下来，肯定会筋疲力尽。"这个年轻女孩儿如释重负地承认，她确实很累。她不断告诉自己"只要再过半个小时……""这是我最喜欢的连续剧，再看一集我就开始学习"。晚上，她什么也没做，但内心的挣扎让她疲惫不堪。当我们了解到这个过程时，开始给她规划特定的休息时间："如果我们现在规定你从星期五中午12点到星期六下午2点不能学习，会有什么不同？如果我们要求你必须有休息时间，不管周一或周二是否有考试，会发生什么事呢？"她回答说："嗯……我不会因为这个而减少对学习的投入。我也许会和我的朋友们做一些事情，因为这样我不会感到我还得学习。或者，如果我很累的话，可以放松，但不必感到内疚。"

在这些实验中，我们经常发现，一旦学生们能再次享受自己的休闲时间并学会放松，在学习中就能够更好地集中注意力，也就会有更大的动力去学习。

一个人越是觉得被自己头脑里的待办清单所驱使，就越应该告别"先工作，再享受"的理念。您应该安装一个劳逸结合的交替程序。在感到筋疲力尽之前，在可能无法尽情享受休闲时光之前，赶紧投入到自由时间中去吧！

通过这种方式，您可以用自身行动向孩子表明，你们可以享受美好的时光，不必通过完成所有的任务才能赢得这些时刻。不要陷入卡尔·瓦伦丁所描述的那种陷阱中——"我想，但是我不敢。"

不要等找到时间再来享受生活。享受这些时刻，就是现在，让那些待办清单等待着吧！工作的美妙之处在于，如果我们暂时不管工作的话，它不会从我们身边走开，也没有人把它从我们这里夺走。在经历过美好时刻后，我们可以马上充满干劲、兴致高涨地继续开始工作。

如何在日常生活中找到乐趣？

享受生活与特定的生活态度和投入精神有很大关系。如果我们下定决心，几乎所有的事情都是一种享受：开车或坐火车，喝一杯茶或咖啡，早上睡个回笼觉……如果我们把闹钟调早一点，就可以多打一会儿盹，享受太阳或落雨。

要做到这一点，我们只需要想一想，在接下来的几小时里，我们想愉快地做什么事情。这个问题有助于更有意识地体验当下，并为日常生活增添色彩：如果我们开车时打开我们最喜欢的音乐或吸引人的广播剧，那么旅途就会变得更加令人愉快。当我们睁开眼睛看向大自然，一起发现植物、动物和美丽的石头时，与孩子的散步就会变得更加有趣。当我们有意识地参与到当下这一时刻，无论一个人，还是与伴侣、孩子或朋友在一起，生活都会变得更加丰富。

即使我们在做不喜欢的工作，也可以问问自己如何能让它变得更愉快。是不是两个人一起会更有趣？还是在一个美丽的地方更高效？放点儿背景音乐或手里有一杯最爱喝的饮料怎么样？

勇于胡闹

我们很多成年人都被灌输了这样的思想：一定要做个有用

的人。"做些有意义的事情吧！"我们对孩子们喊道。不断地提升自我、改善自己的生活，不断地追逐某个目标或责任，这过程可能会让人疲惫。

有的时候，我们应该勇于浪费时间，做些胡闹的事情。

因为乐趣总是存在于那些既不健康也毫无意义的事情上：一杯上品的红酒、甜食、油腻的食物。当我们毫不内疚地享用这些食物的时候，我们就不会多吃或者多喝，反而会更享受。

这同样也适用于我们那些有点愚蠢、不愿为人知的兴趣爱好。我（斯蒂芬妮）热衷于参加舞蹈演出，去剧院或读书会，但在日常生活中我却是个庸俗的人，像《冬季魔吻》《夏日渴望》或《穿胶鞋的女神》这样的书会让我心跳加速，下班后我在火车上最喜欢看《薄纱与泪水之间》这本书。

当我（法比安）在早上感到疲惫时，往往是因为孩子们在晚上把我吵醒了好几次。然而，有时候，杰洛特也难辞其咎——我的巫师。我和他一起在《巫师3》这个设计精美的世界中漫游，用银剑和钢剑攻打怪物和强盗，并在此过程中征服美丽女巫的心。这样的冒险有时可以持续到凌晨2点。尴尬吗？是的。但是令人兴奋！而且这个游戏中绚丽的动画场景"让我的眼睛感到舒适"。

我们中的许多人时常享受一些自己认为不好意思的东西。在英语世界中，"有罪的快乐"一词被用来描述我们喜欢的，同时又觉得我们不应该喜欢的东西。我会把游戏机放到我父母来我家时看不到的地方。我不想听到他们说"我们一直以为，你已经过了痴迷游戏的阶段"。我也知道，为什么我妈妈在打电话的时候会变得烦躁：我这边放着皮尔斯·哈格德的电影，她却不想承认自己烦躁是因为我在看电影。

如果我们也向他人隐瞒了自己的这些兴趣爱好时，至少我们可以向自己承认它们，并满面喜悦地沉醉其中。那么，也许我们可以让我们的孩子以一种健康的方式来享受这些时刻，而不是一遍又一遍地对他们说："做些有意义的事情吧！"

增加家庭生活乐趣的五个建议

- 用这个问题开启一天的生活：我今天有什么美好的打算？
- 当孩子放学回家时，问他们："你今天还想做些什么？"
- 哪怕还有未完成的事情，也要享受放松的时刻。没有您，您的待办清单也可以很好地待在那里。
- 为享受生活列出计划。中午就可以精心挑选晚上想看的电影，而不是到晚上随便找一个。想一想，怎么才能让坐火车上班或开车回家的旅途变得更美好。
- 不要把看似毫无意义的快乐当作幼稚、无用或令人尴尬的事情，这样会破坏了自己和孩子的快乐时光。相反，要坚持威尔·法瑞尔的一句话："幼稚是一个无聊的人用来描述有趣的人的词语。"

我们祝愿您的每一天都能够像约阿希姆·林格尔纳茨在《清晨的幸福》这首诗中描述的一样：

满怀着喜悦，我醒来了。

我拍了拍我的屁股。

洗澡水在呼唤我，肥皂在对我笑。

我渴望呼吸新鲜的空气。

……

我的鼻翼在颤动，

从我灵魂最深处浮现出，

十分惊人的好胃口，

享受早餐，享受生活。

做减法，把时间留给更重要的人和事

"你最近怎么样？"对于这个问题的回答往往是："太多事儿了，我现在压力很大。"特别是小孩子的父母，承受的压力更大。近年来，由工作、家务和照顾孩子等任务共同构成的劳动总时间持续增加：母亲和父亲每周总共需要工作大约70个小时。男性在家务及照顾孩子方面的工作增加，而女性的职场工作时间则不断延长。平等这一重要目标，导致了目前对男性和女性的要求越来越高，因为他们都有被平等对待的需求。

同时，工作的要求加剧了繁忙的节奏，越来越多的事情必须由越来越少的人在越来越短的时间内完成。

一切都需要空间

有的人为了维持生计，没有办法，只能把一周时间塞得满满的，不停地工作。这种情况我们一般会想到收入较低的工薪阶层或单亲家庭。但我们中的很多人，为了实现某些不知所谓的目标，也在不断地自我剥削。我们：

- 为了不让任何人失望，哪怕脑子里想的是"不行"，嘴上也会说"好"。
- 不寻求帮助，也不承认工作太多了，因为我们不想示弱。
- 给自己增加工作量，这样可以买得起第二辆车，或者每年多度几次假。
- 接受逼近能力极限的晋升，因为我们不想承认自己已经逼近极限。
- 把自己同责任和任务束缚在一起，因为我们害怕错过什么。
- 自欺欺人地认为，自己在工作中是不可替代的，如果我们休息一会儿或者假期里联系不到的话，世界就会崩塌。

不得不欺骗自己

当工作量增加、旁人担心时，总是会听到这样的保证："我必须得完成。只要最后期限到了，项目结束了，考试通过了，就都好了。"

但一个项目接着一个项目，一个截止日期接着一个截止日期，休息的时间变得越来越短，直到整个游戏从头开始，因为不知疲倦的投入大多会通过一次晋升得到奖励，这就意味着更多的责任，更难的任务，更多的工作要求。

我们如何跳出来？如何应对日常的压力？通过时间管理课程、瑜伽、放松练习吗？这些都很有意义，但可笑的是，这些都需要时间。

这里有一种更好的、更具备可持续性的解决方法。

给生活做减法

当我们抱怨压力大时，经常会思考如何完成所有的任务。我们尝试更快地工作，更好地管理自己，掌握更有效率的工作方法，或者放弃休息和睡眠。

只有一种方法才真正有帮助：少做一些事情。

这个方法听起来很普通，但这是唯一能够帮助我们长期摆脱过大压力的方式。这同时也是一个挑战，只有当我们真正愿意并坚决执行时，才能应对这个挑战。

放弃做一些事情，减少一些事情，或者对某些事情说"不"，对于某些人来说很难。当我们放弃一个新的有趣的机会时，我们害怕失去。我们看到，一扇门在如何向我们关闭，然后着急地说："好的好的。"

哪怕之后会被工作和责任压得喘不过气来，我们也很难说"不"。因为当我们说"不"时，不仅是在拒绝对方，还拒绝了自己的好胜心、自我要求、目标和愿望。

当我们学会放弃，就能给自己一些喘息的机会，能够重新回归生活。我们可以少做一点，但是可以开心地、不焦躁地、高质量地做。我们可以和重要的人重新享受美好的时光，而不用总是被自己的待办清单所困扰。

每天有24个小时。如果我们接受一个新的任务，就要自动对其他任务说"不"：为了能陪伴孩子和伴侣，为了休息、睡眠或自己的爱好。

博恩·崔西曾经指出，只有四件事可以改变生活。您可以：

1. 开始做新的事情。

2. 常做某些事情。

3. 少做某些事情。

4. 不做某些事情。

如果您生活中大多数的变化来源于做新的事情或常做某些事情时，很明显就会产生更多的压力。您越来越会感觉到，生活里充满了"必须"这个词。留给休息、美好的事物以及社交的空间则变少了。

如果事情对于我们来说太多的话，我们要注意，在接下来的半年里，遵循少做或不做某些事情的原则。

可以做一个计划，减少工作量，或下一年不安排加班。也许移交一项职务，从长计议参加某个社团，或者规定每个月有两个周末什么也不做，什么人也不见，都很有意义。

少做一些事情会让您开心、有成效

有意识地做减法，能够产生令人惊喜的效果。在学习培训班里，我们多次观察到了这一点。我们总是会提出下面这些问题：

- 对我们来说真正重要的是什么？
- 为了保持长期的良好状态，我们需要做什么？
- 哪些任务给我们带来了压力？
- 我们想为什么事情付出更多时间？为了实现这个目的，哪些事情必须放弃？

我们很清楚地记得，大约在两年前，有过一次这种时刻。在拜访完出版商后，我们在伯尔尼街上散步。天气很冷，下着瓢泼大雨，我们在一个小餐馆里避雨，商讨新书项目。讨论正激烈的时候，我（斯蒂芬妮）瞟了一眼表："法比安，我们得赶紧去坐火车了。你必须去出席你的讲座，我去我的。"

好遗憾啊！我们讨论，在过去几年里，有多少个晚上在瑞士作巡回报告；有多少次将近半夜才回到家中，家人都已经睡着了；有多少次，因为半夜在寒冷中等轻轨或火车，身体出了问题。我们看着对方，忽然问题来了："为什么我们不干脆停止这些呢？"我们开始神经质地大笑："我们不可以这样做啊！"或许，也可以？10分钟后，我们做出了一个重要决定：这两场讲座虽然很受欢迎，报酬可观，也是一个可以让外界关注我们工作的重要机会，还能得到众多认可，但是我们打算，从今天开始，每周不再进行两次讲座了，改为每个月一次。不久，我们就发现日程表上出现了自由的时间。我们生病少了，早晨精力更加充沛了，家人们也为此感到高兴，我们突然有了更多的时间写作。在开展重要的项目时，我们比之前效率更高，别人总是问我们："你们一定很忙吧？最近一段时间，你们写作效率太高了。"这种感觉就像是在一个旧的热气球里：为了飞得更高，不一定非要加燃料，其实也可以扔掉一个沙袋。同时我们知道：还有很多我们目前看不到的沙袋。正因为如此，不断地进行系统性的减负才那么重要。

您是否也有兴趣做一些减法？拿出您的日程表，看看最近几周的日程。您是怎么度过这段时间的？有没有一些您想删除的事情？有没有一些您可以减少的活动？什么让您烦恼？有没有一些您可以放弃的目标？如果您半年不尝试减肥或多做运动，会怎么样呢？如果您一段时间有意地降低对家务的要求，会有什么影响呢？会不会因此会多出来一些精力，供您更加有效地利用呢？

学习说"不"

为了履行所谓的义务，或者让那些想从我们这里得到某些成果的人满意，我们经常会献出自己最宝贵的东西。在适当的时候意识到这些代价，可以给我们带来必要的勇气，使我们能够站起来直面苛刻的老板和同事，拒绝客户的要求或拒绝一个诱人的机会。

无论是被要求加入家长委员会，还是担任官职、接受晋升或让孩子学一个额外的特长，都要允许自己暂停一下。从现在开始，每当您想说"是"的时候，可以给自己一个考虑的时间："我考虑一下，明天告诉你"或"这听起来很有趣，但我需要先和我的伴侣商量一下"。然后权衡利益和付出的代价。

考虑一下您同意后的代价

如果我们听从自己的第一反应，成本计算一般都是错误的。同意对方的好处显而易见：对方会很高兴，认为我们是一个很好的人。但是代价和付出，在这之后才会向我们袭来，它们通常隐蔽得很好。您要让这些代价清晰可见，可以思考一下：如果我要马上开始这项任务，我会做出什么决定？半年后给一个体育俱乐部组织一次晚会或抽奖活动不会让我们担心，但是如果这个活动要在这周末举行，我今天会是什么感觉？这时就会注意到："噢！天啊，我不知道该怎么安排这个事情。"这时，接下来几天所有必须要做的准备工作，以及其背后隐藏着的巨大压力，就会映入眼帘。

请不要等到自己精疲力竭

当我们想要为生活做减法，需要重新调整一下自己的生活时，总是会害怕遇到各种各样的阻力。我们会找出101个理由来告诉自己这是不可能的，并且设想如果我们不踩油门继续加油前进的话，会出现什么严重的后果。

但是，当我们把"为生活做减法"这个目标写到纸上时，当我们真心想做这件事情时，当我们投入思考和勇气时，它就会像其他所有目标一样容易实现。如果直到自己心力交瘁才做减法，就太得不偿失了。

为生活减负的小建议

- 第一时间说"也许"，而不是"是"。
- 谨慎权衡付出的代价。如果接受了一项任务、一次晋升、更多的责任或一个新的职位时，您要意识到什么事情会因此被忽视。
- 不时地花些时间来给自己的生活减负。在未来，什么事情您想少做或不做？怎样才能实现这个目标？

对伴侣和孩子始终保持好奇

在一段恋爱关系刚开始的时候，我们彼此有说不完的话。我们想知道对方的想法、梦想以及恐惧，我们想探索他或她个性中的每一个角落。关于对方所有的事情都是新鲜而有趣的，我们都在进行一场发现之旅。然而随着时间的流逝，日常生活的琐碎渐渐凸显了出来。

之后双方关系很稳定，但是话越来越少了，聊天内容也变得越来越平淡。一旦有了孩子，谈话的主要内容很快只跟日常的生活安排有关：谁什么时间在家？谁带孩子们什么时间去哪里？日复一日，年复一年。我们被日常琐事困住了，不再注意到生活的变化，不再更新对伴侣的印象，也不再有共同的进步，直到有一天我们发现，彼此渐行渐远。我们共同经历的故事却成了罪魁祸首。

一起走过的时光可以让我们更亲密，也可以更疏远

如果我们认识一个人很多年，并且和他有着共同的故事，我们就会认为，自己因此会更了解他。我们知道他来自哪里，他经历了什么，什么影响过他。我们可以回顾一下与他的共同经历和谈话，这是能够把我们连接在一起的宝贵而神奇的东西。

但是，这也会妨碍我们看到这个人本来的样子。我们已经形成了对他的刻板印象，因此，发现他身上的变化会更难。对于外人来说很显而易见的变化，我们却视而不见。作家达尼埃尔·佩纳克在他的著作《学校的烦恼》一书中对这种现象的描述令人印象深刻。他现在是法国最著名的作家之一，但是以前他是一个差生，他的妈妈一辈子都在为此担忧。

在后记中，佩纳克描述了这样一个场景，他和哥哥、妈妈坐在客厅里，一起看一个关于他作品的节目："妈妈在观看这

部影片，旁边坐着我的哥哥贝尔纳德，他为妈妈录制了这个影片。她目不转睛地看着这部影片，从第一分钟到最后一分钟，坐在沙发椅上一动不动，屋里安静得一根针掉下来都能听见，屋外面天色已经暗了下来。直到影片结尾，出现片尾字幕。然后，她慢慢地看向贝尔纳德说：'你能相信吗，他（佩纳克）有一天成功了？'"

也许您跟您的父母有过不那么激烈但相似的经历，也许当您成年了，去看望他们时，会想说："您对待我的方式，就好像我还是16岁一样！"

那些彼此很亲密的时光，那些共同度过的日子，对我们的认知影响很大。也许这种想法能够帮助我们，在看望父母的时候更加宽厚。当我们意识到了记忆的力量时，也可以帮助我们更好地敞开心扉，更好地观察和倾听，这样才能发觉他人身上的重要变化。

但是当我们跟身边人相处时，记忆并不是唯一的障碍。

"我们很好！"

当一位朋友的妻子提出离婚时，朋友说："我们以前那么好！"他无比坚信这一点。但是他的妻子却不这样看，甚至认为矛盾已经存在很多年了。

"我们"在这句话里很显眼。研究表明，在亲密关系中，我们倾向于把自己的感觉转移到他人身上。对孩子也是如此，普利茅斯大学的贝伦·洛佩兹博士和艾莉·威尔逊证实了这一点。他们让父母评估自己的孩子有多幸福。结果显示，父母的陈述与孩子的陈述并不特别吻合，而是与父母的自我评估相一致。幸福的父母高估了孩子的幸福，而不幸福的父母则低估了孩子的幸福。无意中做出家人跟我们感受差不多的假设，蒙蔽了我们的眼睛。

愿望扭曲了我们的感知

最后，愿望也会碍我们的事儿。大部分父母各个方面都高估了自己的孩子。他们认为孩子比实际上更有能力、更聪明、更有音乐或运动天赋。如果评价适度的话，倒也没有什么坏处。

埃迪·布鲁格尔曼及其同事的研究表明，一些父母（特别是那些认为自己就很特别的父母）过度高估了自己的孩子。这可能会导致一些问题，因为接下来他们就会期待自己的孩子能出类拔萃，拥有一番伟大的成就。身边其他人比如老师会警告说，父母对孩子太苛求了，但是换来的通常只是愤怒和猜疑。太高的期待会给孩子带来压力，而很多父母却感受不到这些压力。一些研究显示：现在大部分孩子过得都挺好。他们对自己的生活感到满意，也能适应外界的挑战。但也有一些孩子被赋予了过多的期待，承受着巨大的压力。在这种情况下，我们觉得比勒费尔德大学霍尔格·齐格勒的压力研究很令人沮丧。他调查了上千名孩子和他们的父母，同时检测了孩子的压力水平。压力特别大的孩子的父母要进行第二步——判断自己孩子的感受。结果显示：87%的父母感受不到孩子的压力，尽管这些孩子表现出了很明显的症状。大部分父母甚至担心，自己对孩子的要求不够。

"我永远最了解我的孩子！"

在很多方面，"父母最了解他们的孩子"这句话是真的。但有的时候，恰恰是这种跟孩子的亲密关系，使父母难以看到或了解某些真相。作为父母，有时对于孩子那些偏离我们设想、感受或愿望的部分比外人知道的还少。

了解到这一点，可以帮助我们保持好奇和开放的态度，努力地不断重新认识孩子和伴侣。

如果我们明白环境的影响力，会很有帮助。有些父母在学校的参观日里几乎认不出自己的孩子。在家里表现出合作，甚至很理智、冷静的孩子，可能在学校里就完全变了。另外一些父母也几乎不能相信，平时在家无法无天的孩子，老师谈及他时，竟会说他在课堂上严格遵守纪律，积极参与活动。

面对这些反馈和观察结果，我们也许会觉得："这不是我的孩子！"不要跟老师、教练或同学的妈妈争论孩子其实是什么样子的，您可以更加仔细地询问，他们觉得您的孩子怎么样，他们的想法是什么，要明白，根据环境以及所处的群体的不同，我们所有人都会表现出人性的不同方面。

"但是爸爸就让我们做"：
如何处理教育中的分歧？

　　我（法比安）跟孩子坐在公交车上。在看了一眼购物袋后，我当时三岁的儿子用最大的嗓门开始训斥我："爸爸！这是白面包！还有薯条！这对胃不好，你不要再买这些了！"正当我不知所措的时候，其他人都忍不住笑了起来。之后他又说："你可以跟妈妈说，我已经训过你了。那她就不会再批评你了。"

　　饮食问题在我家总是能引起争论。我的妻子很重视健康，而我的食物里，添加剂经常比维生素多。如果有人说，我看起来比实际要年轻，我就会忍不住把原因归结到多年来吃的速食千层面为我提供的防腐剂上。

　　很可能在您的伴侣关系中也是如此，在教育孩子方面双方总有一些事情处理方式不同。引起争论的点通常围绕比如饮食、睡觉时间、活动安排、底线以及习惯。如何处理这些方面的分歧呢？孩子是否经常需要与爸爸或妈妈形成"统一战线"，还是父母也可以在同孩子的交往中表达自己的个性？

孩子可以处理分歧

通常情况下，孩子可以完全没有问题地适应不同的看护人。他们知道，对于妈妈、爸爸、祖父母或老师，分别采用什么应对方法，并能够根据不同情况进行调整。

同时，这种差异也丰富了孩子的生活，可以让他获得不同的相处模式。如果父母允许这种多样性的话，孩子的阅历就得到了拓展。他可以在父母、祖父母和其他人那里获得各种各样的经验，发现自己个性中的不同方面。同时，通过寻找适合自己的模式和范例，孩子也能够积极地参与到个人发展的塑造当中。

如果分歧造成了父母间不可调和的矛盾，如果父母之间不再彼此尊重，而是互相贬低，或其中一方由于看似不太足够的教育能力而被边缘化，那么就有问题了。一般来说，与不同的教育风格相比，这些无休止的争吵、争夺权力的游戏以及其对伴侣关系产生的后果更让孩子难以忍受。

当父母在养育子女方面采取极端立场时，往往会产生冲突。比如，当爸爸冲动而混乱，而妈妈看重清晰的结构和流程时；当妈妈放任孩子做很多事情，而爸爸却坚持说孩子需要明确的界限、必须要承担相应后果时；当妈妈充满责任心，想给孩子传递"一分耕耘一分收获"的信念，而爸爸则按照"快乐原则"生活时……

看清分歧的本质

如果我们意识到，极端的态度往往不是一种理性的决定，而是一种潜意识的反应，那就会有所帮助。比如我们的父母严厉且喜欢惩罚，那么我们就会继承这些观点（"我们这样也没受什么伤害！"），或者尝试改变这一切。

我们同孩子的相处模式也可以是一种对伴侣行为的反应。如果一方更加强势且要求多，就会激起另一方要通过宽容来达到均衡的意愿。如果严厉的一方看到伴侣对孩子是如何宽容的，就会放大他的担忧："孩子们都不把你当回事儿！"接着就会产生一种需求，采用升级的严厉手段来对抗这种气氛。

但是在某一点上，这种"均衡"对所有人都不利。孩子开始把父母对立起来，父母之间不再相互尊敬，他们甚至会觉得，必须要把孩子保护起来，才能免受对方的负面影响。

再次找到核心点

在这种情况下，父母如何再次联结彼此呢？如果双方还能坦诚相见的话，那么谈话就是一个好的开始。父母双方可以一起探讨下面这些问题：

- 你看到我跟孩子相处的时候，是什么让你害怕或者你有哪些恐惧呢？
- 你希望我怎样做？
- 我们如何处理分歧？

例如，严厉型的父母害怕对方会宠坏孩子，让孩子最后变成一个自私的人，不遵守规则，只想着自己。也许他还会担心，孩子连父母的要求都不会顾及。

放任型的父母也许会担心，对方严格的教育会导致孩子产生恐惧，失去生活的热情，看不到自己的需求。把这些担心说出来，甚至写下来都会很有帮助，可以思考一下，对方的评估是否有那么一丝丝道理。

也可以问一下对方是否对自己的角色感到舒服。也许严厉型父母也想转换一下，不必总是扮演"坏人"——如果他相信对方也会支持他让孩子遵守一些重要的规定。也许对放任型父母来说，学会不时地拉开距离，不放任孩子做所有的事情，这也是一种解放。因为他们知道，伴侣也会不时地睁只眼闭只眼，孩子们总体上也会感到满足。

转换下角色吧

如果教育这个话题让人感到压力太大，无法就此开启谈话时，可以尝试通过一次实验来改变现状——在特定的条件下，扮演对方的角色。比如，一个顺从的父亲可以有意识地坚持遵守一项规则："我们已经约好了，你们看完这个节目就不能再看了。现在我们得把电视机关掉。"他可能要心平气和地忍受孩子的反抗，而不是像平时一样退让，并且要留意一下自己的感受，以及伴侣的反应。

观察性学习：
为孩子树立一个好榜样

"我们不需要教育孩子，反正他们会模仿我们。"在这句归于卡尔·瓦伦丁的名言里蕴含着很多真理。孩子们会越来越注意到我们在做什么，而不是我们在说什么，并且会照着我们的样子做。

但不幸的是，我们总是在负面的情况下谈及观察性学习。当我们在孩子身上发现来自父母的不好的影响时，总会很生气。我们常常贬低孩子的行为："这是从我前夫那儿遗传的！"或者老师在家长会后，跟同事发泄自己的沮丧时说："你看见孩子家长没？真是有其父必有其子啊。"

很遗憾，观察性学习隐藏了很多潜力，但是只得到了有限的开发。

对于孩子（以及成年人）来说，观察性学习通常是最有效的方法，尤其是当要获得较为复杂的能力时。当然通过这种方式不仅可以培养能力，还有助于形成正确的价值观或优良的品质，如乐于助人、坚持不懈和勇敢无畏。

这种学习要获得成功，必须同时具备一些条件。这绝对不是说孩子是被动的、无个人意志的接收者，不是要让孩子自愿学习我们的一切。在这个过程中，他们是主动的、有选择的观察者，他们要选择自己的榜样，只有当他有所触动时，才会学习其中一些东西。

孩子会主动挑选自己的榜样

孩子会不知不觉地根据各种各样的标准来过滤可能的榜样。他们会关注这个榜样是否有吸引力，是否有自己也想拥有的东西。这些标准可能是地位、影响力、成就或某种能力，因此孩子们经常会把运动员、音乐家或者电影明星当作自己的榜样。在一群孩子中也可以观察到这种现象：年龄小一点的孩子会模仿年龄大的孩子，反之则不然。

在孩子生命的最初几年里，父母是孩子的英雄，相应地，也是对孩子充满吸引力的榜样。语言、社交能力等几乎所有的事情，都是孩子在这个阶段通过模仿父母学会的。

除了吸引力之外，我们还会关注榜样跟我们是否相似。同那些很多地方跟我们相似的榜样在一起，我们可以更好地找到认同感。

儿童故事书里的英雄跟它们的读者几乎同龄或稍微大一点，这不是没有原因的。孩子和他的榜样之间的共情和关系决定了孩子是否能够学到东西。孩子愿意模仿那些对他们来说重要的、亲近的人。

我们模仿有望成功的东西

当我们观察其他人的时候，总是会对其行为产生的后果感兴趣。我们首先会模仿的是那些有可能会成功的行为。孩子们会记录榜样在做了某件事后的感受，他对自己说了什么，他的周围人是什么态度。比如孩子们只有在观察到我们的某种行为方式或价值观对自己和他人产生了什么影响后，他们才会采纳：有用的东西才会被复制。这也适用于那些我们不希望孩子学习的东西：假如孩子观察到父亲通过威胁和吼叫实现了自己的意愿，达成了自己的目标，那么当孩子在面对弟弟妹妹或同学的时候，很有可能也会使用这种方法。

几周前，我（法比安）和孩子们去了河边。一个男人拿着一个袋子走过来，弯腰搜集玻璃碎片、四处散落的啤酒罐和塑料袋。"爸爸，那位男士在做什么？"我的孩子想知道。我回答："他在捡这里的垃圾，这样的话环境就会更美丽，你们也就不会被这些玻璃碎片伤到。"我向那位先生致以微笑并表达了感谢。

后来，当我和好朋友诺拉以及孩子们一起参观巴塞尔的坎菲尔德公园时，不得不在半小时后让小家伙们停下来："你们肯定还想去喷泉边玩水吧？今天已经收集了足够多的垃圾啦。"

对我的孩子来说，出于多种原因，上述的那位男士成了他们有效的榜样。因为他做了一些他们没有遇到过的事情，他们的兴趣被激发了，他们认真地观察他。我对那位男士的行为感到高兴，我的解释以及"感谢"让孩子们知道，这种行为会换来他人的认可，这使得模仿他变得很有吸引力（如果我知道这将导致孩子们在接下来的几个星期里，不断地触摸一些恶心的垃圾,我会做出更谨慎的反应)。

如何使用观察性学习?

如果我们想让孩子学习某种行为方式或价值观的话,可以思考一下这些问题:

- 有没有拥有这种品质或能力的榜样呢?
- 他们对孩子有吸引力吗?跟孩子足够相似吗?他们是否已经建立联系了?
- 我们能让孩子关注这个榜样吗?

一位老师跟我们讲了一个叫佐伊的女孩儿的故事,她耽于幻想,生活没有秩序,总是忘记自己的资料,不带书,不写作业。刚开始时老师尝试提醒这个女孩儿,但结果是佐伊对上课越来越没有兴趣。

但是有一天老师发现,佐伊的同桌和最好的朋友安娜能做的事情,恰好是她仍然需要学习的东西。从这一天起,老师不再提醒佐伊了。她走到这两个女孩儿书桌前,轻声并随意地以下面这种方式进行引导:"哦,安娜把作业写到练习本上了"或者"安娜已经打开了书"。

然后佐伊每次都会认真听讲,做和安娜一样的事情。不久之后,这位老师越来越经常地说:"佐伊和安娜已经开始了,太棒了!"

通过这种方式,课堂气氛也得到了改善。一位老师抱怨道，他们学校的规则是"我们相互尊重"，但是这个规则对小学生来说太抽象了。因此，他在学年刚开始的时候，就对他的班级说，所有孩子喜欢上学对他来说有多么重要，他让孩子们思考，如何才能让他们期待上学校。为了让这个目标在整个一年中都能得到贯彻，每周五都由三名学生来分享自己的一次经历，由于这次经历，他们开始喜欢上学，并且在班级里感觉舒适。

通过这个简单的行为，孩子们每周都能听到一个尊重他人和积极互动的例子。比如西蒙说，居尔坎又给他讲了一道题，他觉得很棒。居尔坎很高兴，而斯韦特兰娜和托拜厄斯想："这个我也可以做。"

培养学生的社交能力和共情能力，通常不需要什么复杂的项目，只需要一个好主意，一个愿意投入的老师，以及一直关注优秀范例的那份坚持不懈。

给孩子们空间是需要勇气的

当我们看到媒体上关于儿童自由空间主题的报道时，我们往往有两种感受：一方面，我们在心里点头肯定，脑海中浮现出孩子们在森林中穿梭、建造树屋、在泥坑中快乐跳跃的画面：这就是童年该有的样子吧！ 另一方面，一种负罪感随之袭来：我们自己的孩子有足够的时间吗？我们做的都对吗？我们上次去森林是什么时候？孩子们在那里真的很开心吗？

我们还知道的是：近几十年来，开放的空间已经变得越来越小。人口和建筑密度以及车流量都在增加，儿童可以不受干扰地开心玩耍的地方正在日益消减。同时，孩子们将更多的时间花费在参加各式各样的课程、社团活动或体育项目上。他们的自由时间越来越多地被成年人全方位地作了安排。

要怎样做，才能再次给孩子们提供必要的自由和创造的空间？我们每一个人都能做些什么，而不是仅仅憧憬"过去的好日子"。在许多方面都需要我们成年人改变态度，拿出勇气，提一些好建议。

如果发生危险该怎么办？

当我们回想自己的童年时，不仅想起了与朋友们单独在森林和宿营地的快乐时光，还记起来了所有的危险时刻和有时很鲁莽的行为：爬上一棵特别高的树，用自制的箭射向对方的"印第安人游戏"，把铁线莲的杆当烟抽，用一把折叠椅和两个滑板自制车辆在街上狂奔，所有这些"我甚至不敢想象可能会发生什么事情"的时刻都属于童年的一部分。

现在的父母对安全的需求比之前高出许多。如果我们认真看待孩子的"自由"这个问题，必须一次又一次地克服自己的恐惧。我（法比安）其实并不是一个忧心忡忡的人，但自从有了孩子，有些事情就改变了。突然间，我拥有了一个发达的危险雷达，可以看到可能发生的一切，忍不住给孩子警告。若想给予孩子一些自由空间，总是需要先战胜自己。如果我们经常问自己，什么时候可以变得更勇敢一点，什么时候可以给予孩子更多的信任，也许是有帮助的。

当成人放弃控制权时会发生什么？

让孩子拥有更多的自由，也需要勇气，因为我们必须放弃控制权。一位学校工作者告诉我们，她负责组织学校的毕业晚会。有一天，她决定将这一责任交到毕业班的学生手中。两个六年级的孩子得到了一笔预算，并要自己准备庆祝活动——包括餐饮、节目和音乐。

这位工作人员说："这样做真的让人心里很焦灼。头两个星期什么事都没有发生！我马上就开始担心起来：他们的任务是否过重？他们对这件事有兴趣吗？如果最后什么都没有，该怎么办呢？"她害怕在同事和孩子家长面前显得非常愚蠢。最后她对自己说："如果不成功，那就不成功吧，我最后去收场。实在不行，还可以安排薯片和可乐。"但是最后，孩子们给所有人带来了一个大大的惊喜。他们举办了一场超棒的毕业晚会，食物美味可口，节目精彩纷呈。自那以后，夏季毕业晚会都交给了六年级同学组织承办，这也变成了这个学校的一个传统。

为什么让孩子自己做那么难？

作为成年人，如果必须忍住不插手孩子的活动，很快就会觉得自己毫无用处。有位幼儿园教师每周都会抽出一天时间，和孩子们一起到树林里，让他们在那里寻找、发现和收集物品。很快，她就觉得自己跟不上学校教学任务了，她的另一位同事会让孩子们做作业，在这位同事面前，她感觉压力巨大。一个把庆祝会的组织工作交给学生的学校会面临被人嘲笑的风险，一个设置自由游戏时间的学校可能会遭受诘问：要是老师只是在旁边站着，看孩子们玩，凭什么拿那么多工资？

为了孩子，有些教育工作者或教师会克制自己不参与孩子们的活动，但因为有时孩子们会受点小伤，或者因为孩子们学到的所谓的"知识"太少，他们会受到指责。我们所有人都需要给予这些教育者们鼓励和支持，当我们意识到，这种体验对我们的孩子来说多么重要时，这是我们唯一能给予他们的东西。

我的孩子学得够吗？

上面所说的毕业晚会是一个成功的例子。但如果我们想让孩子承担更多的责任，或者给他们创造更多的空间时，必须要明白，事情不会总是成功。我们必须要向孩子承认，他们可能会面临失败，并要重新尝试一次。

这真的很难，因为我们成年人喜欢的成功是肉眼可见、可以预测的。如果我们送孩子去上音乐课，我们可以看到，孩子如何学会一点一点弹奏更有挑战性的曲子，我们还可以每年欣赏一次孩子的演出。但是当孩子和他的朋友们组建了一支车库乐队时，情况就变了。跟那些去上音乐课，并乖乖在家练习的同学相比，在乐器上他很有可能不会取得同样的进步。可能只有在一年以后，当他说"因为我的乐队，我变得更有想法了，我学会了勇敢地向外界表达自己，我学会如何争取小型的演出、处理怯场的问题、忍受乐队里的冲突，当事情不如人意的时候，我也学会了与自己和解"时，我们才能看到这段经历给他带来的宝贵财富。

父母需要做的，就是坚信孩子的发展能力。这是非常值得的：与成年人给孩子安排特定的项目相比，孩子独立完成某件事情或者自己构建学习过程的经验更能提升他的自我效能感。

给孩子更多的发言权和决策权

在对养老院进行了一段时间的观察后，人们发现了一件有趣的事情：养老院的个别老人对时间表、规则条例进行了反抗。他们拒绝晚上关灯，反对管束和那些善意的规定。

《纽约时报》调查记者查尔斯·杜希格描述了某个养老院的一群老人从工具箱里偷了一根撬棍，把固定在墙上的家具撬下来的经过。他们想要自己决定房间如何布置。养老院院长告诉他们，如果他们想要改变房间布置的话，需要养老院的帮助，他们回答说，不需要任何帮助，也不需要任何许可，他们会继续做那些让他们开心的事情。

这些反抗让医护人员和养老院的领导疲于应付。但是就如杜希格所写的那样，这些老年人比那些遵守规则的老年人更满足、更健康，精神和身体上也更有活力。

与人交谈，而不是谈论他人

其他的一些研究也能够证实，如果养老院的老人可以有更多自主权的话，他们的寿命一般更长。比如他们可以自己决定什么时间接受来访，如何布置自己的房间，吃什么或者什么时间去散步。

每个人都想有发言权，这可能对于所有人来说都是毋庸置疑的。问题是，我们总是会忘记这件事。

无论是养老院、公司、学校还是家庭：我们大多数人总是会思考那个最佳的方案。在这个过程中，我们总是会在背后谈论涉及的人，而不是直接同他们交谈：养老院院长考虑的是，他们如何优化所有的流程和创造尽可能好的条件，但他们没有让老人们参与。政治家考虑的是，学校需要哪些改革，却没有同真正了解情况的人（学生和老师）进行深入的交流。

在一场分享会后，有父母想向我们了解，为什么孩子不愿意去学校或者转学是否有意义，但当我们问道："孩子到底是怎么想的？"他们又表现得很吃惊。他们通常回答说："真是挺尴尬的，我们还没问过他。"

我们也经历过这样的情况。几年前，当我们第一次在学习培训学院为多动症孩子的父母授课的时候，在课程前期，我们对自己已有的经历进行了回顾，阅读了大量的研究成果和书籍，并同其他专业人士进行了交流。我们心想，现在我们知道了这些父母需要什么。在研讨课开始时，我们询问这些学员，是什么给他们带来了压力，他们想从我们这里知道些什么，这时我们才发现，他们所关切的问题跟我们的预期大相径庭。

灵活的学校

当我们想要促进共同决策这件事时，必须要有勇气、有意识地创造一些自主空间，并相信这些空间不会得到滥用，而是会被充分使用。

在分享会上，家长多次跟我们说，瑞士学校体制的不统一让他们很困扰。如果一直搬家的话，确实很烦人。但是这同时也是瑞士学校的一个绝好的优势和机会。来自德国、奥地利或者法国的老师经常会抱怨说，他们那里所有的一切都是由领导决定的，他们只能执行这些人想出来的事情，而这些人可能对当地情况一无所知。

最近几年里我们参观了无数的学校，并见识了很多出色的范例。有意思的是，这些学校从面积大小、学校结构、师资构成、领导层或领导风格上来说都各不相同，但是它们的共同之处就是，都存在一种能够共同决策和充满责任感的学校文化。他们的态度是：这是我们的学校，我们要参与进来，我们想发展自我，共同实现目标。这些学校的领导不允许大家出现受害者心态。他们要确保，大家能看到并能够充分利用相对大的、利于自己发展的活动空间。

自己决定家庭作业

尽管许多老师遇到了很多挑战，但他们还是很喜欢上课，在他们身上，经常能看到一种很高的自我效能感。他们比其他人能够看到更多的可操作空间，并对他们的学生发出信号："我想和你们一起完成一些事情。"

有些老师给他们的学生很大的自由空间：他们同学生一起商讨班级规则，让学生参与项目，甚至让他们决定是否想做家庭作业以及想做什么作业。家长和同事们对此感到忧心，因为他们认为，孩子们会利用这一点。但是，如果老师成功地跟自己班学生建立了良好的关系，就会看到，学生会以自我责任感来回应老师的信任，并会更有动力地继续一起工作。

对每个家庭来说，增加孩子共同决策的机会也是一个化解冲突、增强孩子自我价值感和自信心的机会。在对年轻人的辅导中，我们总是发现，他们中的很多人感到被人控制、不被父母信任。比如大多数人都知道学习很重要，集体生活需要协商和规则。他们也是愿意做一些事情的。但是，就像养老院里那些叛逆的老人一样，他们感到被束缚、被控制、不受重视，因此，他们为了重新赢得自己的自由而奋起反抗。他们听到别人说比如"你只是处于青春期""你开始学习了吗？别又拖到最后一分钟了""你又在玩儿手机"或者"根本就不能相信你"，会发现这些话背后通常隐藏着这些信息："你必须得受别人控制，不然你就会自我懈怠。"不管是员工还是伴侣，或者是孩子，对这种方式的轻视都不会有积极的反应。

我们可以思考一下：在什么时候可以给我们的孩子、学生更多的发言权和决策权？在什么时候可以更信任地面对他们？为了让孩子拥有被重视、被关注、被支持的感受，我们必须要向孩子发出什么信号呢？

第 5 章

提升孩子自
我价值感和
心理免疫力
的方法

为他人挺身而出

在我们的文化中，个人成就占据主要地位，重要的是要赢，要与众不同，要战胜他人，要变得出众。这种文化特色激励我们要做到最好，但它也有不足之处：当我们不能拔尖儿的时候，会出现压力、倦怠、嫉妒、挫败感和无用感。

奥地利神经学者和神经科医生维克多·弗兰克尔曾经历过集中营的恐怖，他给我们指明了一条出路。他在《活出生命的意义》一书中写道：

"人类通过做某件事、爱某个人，可以实现自我满足。他越投入到自己的任务当中，越爱他的伴侣，他就越能成为自己。只有忘记自我，只有忽略自我，才能真正实现自我。"

当我们忘记自我、全身心投入到其他事情或其他人中的时候，才能够放飞自我。

几年前我（斯蒂芬妮）在弗里堡一所"儿童大学"里帮忙。这个地区的小学生被邀请利用一下午的时间参观这所学校、听讲座，并针对相关主题进行讨论。当年，我们探讨的是儿童权利。下午快结束的时候，这些小"大学生们"得到了一个机会，通过一次"慈善跑"为一个儿童援助项目筹集资金。

孩子们每绕着教学楼跑一圈，就可以得到一个巧克力金币。这些小小的跑步者可以选择吃掉这些巧克力，或者把其中一部分扔进一个大大的储蓄罐里。如果选择第二种，每块巧克力都意味着可以为贫困儿童捐出1瑞士法郎。

我们大人在后面看着，非常惊奇地发现，每个孩子连一秒钟都不犹豫——骄傲地把自己的巧克力全部投到储蓄罐里。

快结束的时候，一个小男孩儿跑到我面前，他脸上已经汗如雨下了。小男孩儿用手背擦着额头上的汗，上气不接下气地激动地说："我现在已经跑了这么多圈了！我的妹妹还太小了，但是她也很想帮助那些孩子，让他们生活得好一些。我能为她再跑两圈吗？"还没等我对他点头回答，小男孩儿又开始跑了。过了一会儿他的腿像灌了铅一样，但他仍然竭尽全力地跑到了终点，用颤抖的双手把两块巧克力递给了他大约五岁的小妹妹，就好像捧着一个无价之宝。小女孩儿敬畏地接过这两枚金灿灿的巧克力硬币，缓慢地走到储蓄罐前，咯咯地笑着，骄傲地挺起胸膛，把她的捐赠品扔了进去。

这个不起眼的场景以一种特殊的方式触动了我。这个小小的善举给我留下了舒适温暖的感觉，突然有一种感激之情闪过我的心头——为这个世界上所有美好的事物和人类。美好的是，当儿童和年轻人参与到一件好事中时，每个人都可以"赢"，这不是因为他们是最好的，也不是因为他们的努力得到了什么。他们所获得的可能比奖牌或证书要有价值得多。

当孩子们能够体验到自己可以通过给予为另一个人的生活或环境带来微小的改变时，他们就会获得一种力量和内心的财富。

同时，在这样的时刻，一种团结的亲密感在我们心中发芽——不仅是与我们并肩作战的战友，还有那些从活动中受益的人们。

当我们为他人挺身而出时，自我价值感会增强

我们应该始终让孩子们有机会感受到自己是集体的一部分，感受到自己和自己的贡献很重要。孩子们应该体验到：大家可以指望我们。通过我和我的付出，我的家庭、我的班级，甚至可能世界都会变得更好一点。我们看到一件好事在发展，我们为此欢欣鼓舞，感到自己的生命充满了价值和意义。

多项研究均证实了这种经历的重要性：研究者们得出一些结论，例如，做志愿者的人拥有更多的自信、更健康的自尊和更高的生活满意度，并认为他们的生活更有意义；经常投身公益事业的年轻人身上存在较低的饮酒、抽烟或犯罪的风险。此外，他们还表现出更高的社会技能，在学校里表现得更好。

父母可以通过自己做好事、对人慷慨和感恩来鼓励孩子参与和承担责任。我们可以给孩子做出榜样，让他们知道，生活中除了成绩、竞争、输赢之外，还有更多的东西。

也许您的孩子想在社区承担一项公益任务，或者想支持一个环境保护项目。也许您的孩子有一颗爱护动物的心，愿意去当地动物收容所帮忙遛狗，或者每周去避难所帮忙。

我们在教学活动中也可以给孩子提供机会，让他们为他人做事，从而提升他们的能力：为幼儿园的孩子建造一个游乐场如何？或者给鸟儿和昆虫做个窝？能否在语文课上为养老院排

练一场戏剧？八年级学生愿意为五年级学生准备一堂课吗？学生们一起美化学校？或者在班里讨论一下，大家应该怎么做才能让每个孩子在学校里都过得开心？

向孩子展示善举的价值

"今天发生了一场奇遇，"我（斯蒂芬妮）的丈夫克劳斯在准备吃饭时说，"我刚才从一个客户那里回来，在去办公室的路上，一个年轻人在车站跟我搭话：'Scusi，can you help me？'"（译者注：scusi为意大利语，意为"打扰了，请原谅"，整句话是说，打扰了，您能帮下我吗？）"那他想做什么？"我好奇地问。

克劳斯接下来讲，这个年轻人用蹩脚的英语加意大利语混杂在一起谈论他的遭遇：他来瑞士是为了找工作，但现在已经在车站睡了近两个星期，因为他没有地方住。他看起来特别疲惫，黑发凌乱，衣服皱巴巴的。"我当时很着急，想赶快给他一些钱，但他只是摇摇头，急切地打着手势向我解释说，离开意大利是个错误，他想回家找他的家人。我想知道我能怎么帮助他。他需要一张去米兰中央车站的车票，到那后他就能回家了。起初我想，这是不是一个新骗局呢？但最后我看着他的眼睛，和他一起走到机器前，给他买了票，票在下一个小时内有效，90瑞士法郎。他不敢相信地接过票，双手合十，仿佛在祈祷，一遍又一遍不断地感谢我。我们一起看了看时刻表，当天的最后一班火车很快就会发车离开苏黎世。于是，他抓起他那破烂不堪的背包，像个野人一样跑开，跳上即将出发的火车。""你真好。"我喃喃自语,看着餐桌对面的丈夫。我们相视而笑。

马丁·塞利格曼教授将积极心理学作为一个新的研究领域推出,他的结论是 "一个善意的行为,比我们测试过的任何其他练习更能增加一个人的幸福感"。

与您的孩子一起思考一下,他可以对谁表示友好。

下面的问题会为您提供帮助:

- 你上次为别人做善事是什么时候?怎么做的?之后你有什么感受?
- 你如何给别人带来快乐(拜访某人、帮助某人、分享一些东西、给予赞美、赠送礼物、邀请孤僻的孩子玩耍等)?
- 你现在想做其中的哪一项?

请您将计划付诸行动,并在之后与孩子交流他的感受。

自我共情:培养一个充满爱的内心

"我太胖了!""为什么我永远也做不到?""我太懒了!""我太笨了,怎么又发生这样的事情?""没有人喜欢我!""我不是一个合格的妈妈!"

我们所有人都在不停地跟自己对话，评价自己的行为、自己的外表、自己的性格以及周围的事情。在这个过程中，我们有时会发现自己的不足，感到能力不够或者对自己的外表不满意。

　　很多人（有时恰恰是那些一句别人的坏话都不说的人）对自己过于苛刻。他们不能原谅自己的错误，由于一些小错误对自己生气，自我贬低，并对自己整个人都产生怀疑。他们内心的声音在愤怒地、冷漠地或者蔑视地同自己对话。在他们的内心，好像只有一个找茬的检察官和一个不断谴责的法官，然而缺少一个辩护人。

　　大量的心理问题都伴随着内心强烈的自我批评和自我贬低。抑郁症患者的内心独白经常围绕着一个想法展开：自己没有什么价值，对别人来说只是负担。厌食症患者经常骂自己胖，有时甚至说自己恶心。当他们吃一些"禁忌"食物时，会自我谴责，从而陷入一种内心的紧张状态，最后失去控制。有拖延症的人经常认为自己"永远也不能成事"，通过这些自我谩骂，他们失去了所有的动力去完成之前的计划。

　　而那些能够友好对待自己的人，经常会因为拥有更好的心理状态而高兴，他们更加快乐，充满动力，处事冷静，抗压力更强。

　　我们总会遇到一些人，他们认为，通过内心的自我谴责，能更好地激励自己。饱受考试或拖延之苦的学生经常担心，如果缺少内心的批评和驱动，他们学到的或完成的内容会更少。然而事实恰恰相反：谁能原谅自己的错误，并且学会用接纳的态度对待自己，谁就能更快地正视自己的问题，接受不可改变的事实并找到解决方案。

因此，为了形成一个充满鼓励、宽恕和同情的内心而努力是十分值得的。

学习自我共情

在心理学中，对自己的爱和接纳的方式被称为自我共情，这个概念有点抽象，但这种态度可以训练。

自我共情包含三种能力，每一种能力都可以帮助我们对自己更友好。

注意：接受现有的事物

通常，我们完全不想察觉到不愉快的感觉或者棘手的问题。我们尝试去压制它们，在沉思中寻求庇护，甚至责备他人。接纳自我感受的态度往往能够消除它们的威胁性。我们可以对自己说，比如："我有点紧张，这是正常的"或者"我刚才很生气，这真的伤到我了"。有时，当我们能够表达感受（即使不说出来）时，身体上的紧张感已经减弱了。我们借此允许自己全面感受自己的情绪，而不加任何评价。

不要感到孤单：你不是一个人

面对问题、弱点和不愉快的感受时，我们经常会感到孤单，我们觉得自己是唯一一个"做得这么差"的人，我们会跟自己的体重或某个缺点和困难做斗争。

如果在这些时刻，我们能够意识到这些经历属于人性的一部分，很多其他人也会经历类似的事情时，我们就能得到一些安慰。也许我们可以跟自己说这样一些话，比如："被遗弃是件糟糕的事情。这件事确实很让人伤心，但不只是我一个人有这种感觉，很多人一定也经历过类似的事情。"如果在痛苦中，我们能够感到跟其他人是一样的，我们也能够更容易地向他人倾诉，并获得他们的支持。

友好：像对待自己喜欢的那个人一样对待自己

如果我们已经摔倒了，为什么还要在内心再踢上自己一脚？给自己一些同情，也许会更有帮助。在困境里，我们可以回想并思考："在这种情况下，一个好朋友会对我说什么？以什么样的语调说呢？"我们可以想象，这个人正站在我们身边，安慰我们。

将友好的声音内化

如果我们努力对自己更尊重、更友好，最开始可能会显得有些奇怪和不习惯，也许我们会觉得自己有些可笑。有的时候，那个严格的充满责备的声音会占据上风，排挤我们本来的意图。请您一定要坚持下来，隔一段时间思考一下：

- 我现在怎么样？我感受到了什么？
- 我想怎样对待自己？

- 什么可以帮我？

- 我可以向谁倾诉？

如果您开始自我评判的话，也不要烦恼，您还处于练习阶段。您可以利用这个机会，比如对自己说："天啊，现在你对自己太苛刻了，这样对你不好。你现在能做些对自己友好的事情吗？"

告诉您的孩子，我们可以对自己友好一些

我们通常会从其他人的反馈中形成对自己充满严厉、批评的内心声音。也许我们的父母就是那种要求颇高、苛刻、冷淡、喜欢批评或者贬低别人的人。但是有时，我们之所以学会了这种态度，是因为我们的父母就是这样对待自己的——与对待别人的友好态度形成鲜明的对比。您是什么情况呢？

尝试接纳自己、对自己友好一些吧！这不仅是给自己的一份礼物，同时也是给孩子的一份礼物。

给孩子分享自己小时候或家族的故事

几千年以来，人类都通过讲述来传承知识、价值观和经验。因此我们的大脑更容易记住故事性的内容，这毫不奇怪。

克莱蒙特大学的保罗·扎克团队指出，人类在听故事时，能够释放出不同的荷尔蒙。激动人心的内容会导致压力荷尔蒙皮质醇的释放增加，在中等剂量的情况下，皮质醇能提高注意力并改善记忆。此外，催产素也被释放出来，这种激素与我们的依恋系统密切相关，与关怀、同情和慷慨的行为有关：当我们听到一个在情感上触动我们的故事，让我们与主人公产生共鸣，通过他们的眼睛看世界，体验友谊、勇气、善良和奉献时，我们也想和心中的英雄一样做同样的事情。

今天的儿童主要通过书籍、广播剧和电影来体验故事，分享个人经历的时刻却在减少。"篝火时刻"、一大家人围坐在餐桌旁的时刻，已经逐渐从日常家庭生活中消失了。

我们中的许多人可能还记得自己的祖父母，他们可以在餐桌上回忆几个小时，喜欢谈论当时的情况……有时你听得入迷，有时你很烦躁，因为你已经知道接下来会发生什么情节了。

无论你是否觉得这些故事令人兴奋，它们都让我们意识到自己的根源。它们为诸如以下问题提供了答案：我们从哪里来？我们的祖父母和父母经历了什么？我们的家族是如何产生并成为现在的样子的？

而这，是很重要的！

故事给予孩子力量

埃默里大学的一个研究团队调查了儿童及青少年对他们家庭的了解程度。调查显示了一个很有趣的关联：孩子对自己父母和祖父母的生活了解得越多，他们的幸福感、自我价值感及自我效能感就越高。熟悉自己家族历史的儿童及青少年拥有更明显的自我认同感，更相信自己能够做出好的选择，能够更积极主动地规划自己的未来。

"知道自己从哪里来"是一种需求，这一点在那些被收养的孩子身上可以清楚地看到：即使这些孩子在一个充满爱的完整的家庭里长大，即使他们已经记不起自己的亲生父母了，在他们的内心也经常会滋生想要了解自己完整人生故事的愿望。

很多心理学疗法也常常致力于研究那些世代无意识流传下来的价值观、信仰以及一些显著的经验。通过这些，人们可以更好地认识自我，更好地归类自身的困难，解决给自己带来压力的问题。

孩子对父母和祖父母了解多少

小孩子通常会有这样的印象——自己的父母来到这个世界上时差不多就是成年人。当我（法比安）差不多四岁的时候，我的祖母来我家，我不经意地问我的妈妈："妈妈，爸爸和祖母是怎么认识的？"但是，即使是青少年或者成年人，有时也很难想象幼年或少年的父母是什么样子的。

也许您可以把这种时刻当成一个契机，思考一下：自己的父母是如何度过自己的学生时代的？他们小时候有哪些对他们影响很大的友谊？哪些成年人在他们的成长道路上给予了他们一些积极的影响，他们害怕谁？他们什么时候第一次有了爱情的烦恼？他们是如何选择现在的职业的？他们的职业学习或大学时光是什么样的？父母是如何相识的？谁先主动的？在没有孩子之前，他们的生活是什么样子的？什么时候是他们生命中最幸福的时刻？什么时候是最艰难的时刻？父母觉得他们的父母是什么样的？

也许您属于那些马上就能很详细地回答这些问题的人。也许在这种时候，您才发现，关于过去，关于您家族的故事，您能说得很少。

您的生活值得被讲述

不时地把孩子带到过去，是十分值得的。也许您可以讲述某个您感到特别幸福、兴高采烈、羞愧、伤心或失望的时刻，或者某个您不得不同冲突抗争，克服障碍或者弥补某个错误的时刻。对于我（斯蒂芬妮）来说，当我的父母跟我们一起翻看老相册，跟我们分享他们的学生时代，他们第一次体味爱情的苦恼或者他们相识过程的时候，我总是感到很有趣。

通过这些讲述，您可以在各个不同的层面接触您的孩子。

请您再次全面思考一下上面的那些问题。如果您知道问题的答案，那么您会明显感觉到，自己跟父母更加亲近。您会发现父母与自己生活的相似之处，也许您会更好地理解父母，因为您能认识到，他们也有必须要承担的压力。孩子越大，这些谈话就越能成为一个维持和加深彼此关系的机会。

同时，您也可以用这种方式来传授自己的生活经验和人生智慧，而不是在孩子面前充当道德家或无所不知的人。

特别是当我们没有准备好什么聪明的答案时，同孩子分享经验就可以搭建一座彼此之间的桥梁。

当我（法比安）的儿子被他最好的朋友拒绝的时候，我跟他讲述，在我五年级的时候，我唯一的最好的哥们儿突然不想跟我一起玩儿了，因为他拥有了他的第一个女朋友，恰好是一个讨厌我的女孩儿，这个女孩儿跟他说，他现在"属于"她。我儿子想知道，这对我来说意味着什么。"很糟糕，"我回答说，"这样的情况一直持续到他俩分手，我才重新拥有了我的朋友。"

我无法为我的儿子提供任何解决方案——但是，通过这个故事，他能够感到不那么孤单。

独特的亲子时光甚至有疗愈作用

在前言中我们提到，自我价值感取决于我们在集体中能否获得融入感。当有人愿意花时间陪伴我们，与我们交往，并表现出他喜欢和我们在一起时，当我们感受到自己丰富了别人的生活时，就获得了让内心变得强大的最基本体验。

有时我们会碰到一些父母，他们臆想孩子不知感恩，并因此感到生气。他们向孩子列举自己所做的所有事情，告诉孩子自己做出了多大的牺牲。反过来他们得到的答复是："我又没有求着你们生我，你们当初就应该考虑清楚！"我们非常理解孩子的这些反应，因为没有人愿意听到自己是个负担，出于自己的原因使那些重要的人失去了梦想和目标。

相反，每当我们陪着孩子，让他们感到我们喜欢和他们在一起：一起笑、一起经历一些事情、一起嬉戏打闹、一起分享美好时刻、一起倾听彼此的心声，那我们就不仅改善了亲子关系，还提升了孩子的自我价值感。

通过这些经历，孩子会培养出一种基本的信任：自己是被别人重视的。这样一来，孩子之后所有其他的社会关系就会变得更容易。

布鲁克斯和戈尔茨坦写道："这是一个常见的效应，即当家庭成员身体距离接近时，就会产生一种亲近和熟悉感。如果单独为某个孩子留出时间来陪伴他，那可能就会以最有力的方式告诉他，我们爱他、珍视他。"。

在日常生活中穿插短暂的两人时光

我（法比安）清楚地记得，当我的父亲只为我抽出一些时间，比如允许我和他单独带着狗出去散步时，对我来说是多么的特别。小孩子非常享受这种个人的专属时刻。我儿子两岁半的时候，不管刮风下雨，都想和我一起去游乐场。途中我们会在一家咖啡馆休息一会儿，我喝杯咖啡，他喝杯水，然后他把他脑子里冒出来的所有念头和词汇统统告诉我。这样做还有一个好处，聊过天之后，他对我就不那么感兴趣了，到了游乐场，他开始和其他孩子玩沙子，我则可以在长椅上看书。

每周一起享受一餐

很多育儿指南都建议，夫妻应该时不时请个保姆，这样就可以单独出去吃饭或看电影了。这真是个好主意！我们也可以使用同样的方式来和孩子聊天相处。单独和某个孩子一起吃顿饭怎么样？也许这次可以爸爸带着女儿、妈妈带着儿子一起吃饭，下次再换一下。您很有可能会发现，这种情况下的亲子交谈，跟一大家人一起吃饭聊天是完全不同的。

这不仅适用于父母和孩子的相处。我（斯蒂芬妮）十几岁的时候，每周都会去格尔提阿姨那里吃一次午餐，她就住在我学校旁边，每次我都很开心。当她看到我走到楼下马路上时，就会从厨房窗口跟我打招呼。直到今天，我们的这个习惯都给我留下了很多美好的回忆。格尔提阿姨不仅每周都做我最喜欢的菜，还经常向我提出很多问题，那些大人很少会向孩子提的问题。喝着咖啡、吃着佛罗伦萨饼干，格尔提阿姨总是把我带到过去的年代，给我讲述我们的家族故事，跟我分享她的人生经验。在某些方面，她成了我的榜样，即使在青春期的时候，我也能感觉到她在认真对待我，并且很重视我们"女人和女人"之间的约会。

分散进行家庭郊游或短期旅行

在大多数家庭中，每个周末都与全家人一起度过是很常见的。一位四个孩子的父亲跟我们说，他和妻子的安排方式有些不同，这样每年有四次机会，可以单独和每个孩子共度一天。

有时父亲带着一个孩子去远足，另外三个兄弟姐妹则同母亲待在家里。有时其中两个孩子在周末同朋友聚会，父母则各带一个孩子去郊游。这位父亲说，恰恰是这种二人亲子时光把家庭更好地凝聚到了一起，并带来了许多同孩子在一起的美好时刻。

我们认识的另一位父亲每年都会抽出三天时间跟女儿度假，女儿现在已经十五岁了。我们可以想象，在这三天中，他对女儿生活的了解，远远超过很多其他父亲一年中对孩子的了解。

亲子时光甚至有一种治疗的力量

二人亲子时光的强大力量在家庭治疗中也显而易见。当亲子关系紧张的时候，或者在孩子出现异常行为的时候，家庭治疗师会要求在家庭内部安排专门的亲子时间。父母和孩子每周要在一个固定的时间，有意识地陪伴对方。在这段时间里，允许孩子选择他想做的事情，例如：

- 玩一个游戏。
- 一起烤比萨。
- 做手工。
- 观看并谈论一部电影。
- 读故事。
- 散步。
- 玩一局游戏。

对孩子来说，重要的是：

- 遵守约定。
- 父母只属于他们（不因为打电话等其他事情分心）。
- 他们可以决定如何利用这段时间。
- 在这段时间里，父母不要对他们进行批评和警告。

令人吃惊的是，通过每周一次的亲子时光，虽然只是一个很短的疗程，孩子和父母的身上也会发生改变。很多家庭表示，孩子的各种症状都减轻了，整个人变得积极向上，和家人之间的关系也更加亲密了。

尤其是单亲父母、孩子多的父母以及工作压力大的父母，一定要重视这一点，一定要有意识地创造这些亲子机会，要懂得自己对孩子是多么重要。

安慰冰激凌：如何陪伴受挫的孩子？

如果要说出一种在孩子以后人生道路上可能最有帮助的能力，那就是与失败相处的能力。面对失败，谁能重新振作，谁能从错误中吸取教训并重新开始，谁就能继续前行，就能在工作和学习中获得更多的愉悦感，并鲜有压力。

相反，如果谁总是担忧那些可能会发生的事情，苦思怎样才能避免犯错或失败，如果谁总是试图满足所有人的期待，妄想不犯任何错误，那么谁就会陷入自我束缚之中。

父母们通常都知道这一点，但是当孩子们垂头丧气地回到家中，讲述他们的挫折经历，或者当他们考试成绩不理想的时候，作为父母，又该如何陪伴孩子呢？

在这里你是安全的

我们生活在一个充满竞争的社会，孩子也可以感受到这一点。谁能获得胜利，谁能取得好成绩，谁才能获得认可，甚至有时也会因此得到别人的偏爱。

这正是我们"失败"时的危险所在。面对失败，孩子和成年人在意的往往不是真正的后果，而是其他人对我们的看法，在意的是这次失败会不会危及自己的地位或者跟其他人的关系。我们害怕，老板会对我们不满意，老师或父母会对我们失望，教练或队员会因我们生气。

如果发生了令人害怕的事情，比如考试不及格，我们中的很多人会感到被质疑，作为人，他们会感到羞愧、软弱和无能。一个荷兰的研究小组证实，这种模式是可以打破的。在一项针对11～15岁学生进行的研究中，心理学家发现了一种简单的方法来提高青少年应对失败的能力，同时大大削弱他们随之产生的对自己的负面情绪。

在离期中考试成绩出来还有三周的时候，研究人员对这些学生进行了采访，并将他们随机分成三个小组。

第一组学生的任务是，回想一下"总是接受并重视自己的那些人——无论自己表现如何、是否有特长"。接着他们要陈述一个具体的场景，在这个场景中，即便他们犯了错误或做了蠢事，也能被这些人接受和重视。因此这些青少年回顾的是自己被无条件珍视的那些经历。

第二组学生被要求回想的经历是只有当他们的行为符合一些人的标准或被认可时，自己才能被接受和喜爱。他们还要回忆，当自己犯错或有不良行为时，失去认可和尊重的经历。在这些经历中，他们作为"人"的价值是受某些条件制约的。

第三组学生要回想的是，那些自己不太熟的人，并描述在这些人面前犯错或有不当行为时的情境。该组的练习没有深层的意义，仅仅作为之后进行比较的参照物。

这个短暂的实验一共持续了15分钟。三周后这些学生收到了期中考试成绩，同时当天他们要对自己由成绩引发的情绪进行评估。正如猜测的那样，成绩差的同学产生了强烈的负面情绪，如羞愧、无助、缺乏安全感、无力。但是研究人员发现，这种情况在第一组同学身上没有出现！他们知道，即使他们犯错了或有什么缺点，也会有人接受自己、尊重自己，这种想法驱散了个人的不愉悦情绪。这种体验似乎可以保护青少年在遇到挫折时，不进行自我贬低或产生内疚情绪。

当我们与家长或专家谈论这种无条件的接纳时，马上就会听到反对的声音："这是不堪一击的'拥抱教育法'！孩子们以后在职场上，也得经历严格的评判。他们必须要明白并习惯，员工的价值是由他的业绩决定的。"然而，有趣的是，成年人也觉得你争我抢的氛围是有害的。

《文化密码》一书的作者丹尼尔·科伊尔花了四年时间研究一个成功团体的构成要素。他采访了很多研究人员，总结了各项研究成果，并对来自经济界、体育界和教育界的团体进行了观察。最后他得出这样的结论：虽然在这种优秀团体里，成员之间相互反馈的方式非常公开、直接且不加修饰，但同时他们也想努力创造一种安全的、有归属感的团队氛围。

团队成员会不断向对方发出信号，以表达出以下信息：

- 我们是安全的。
- 我们是息息相关的。
- 我们有一个共同的未来。
- 没有人知道所有的事情——我们在这里，是为了相互支持。

作为这种团队里的成员，拥有一种强烈的安全感，一种相互接纳的感觉，他们能够比其他人更好地专注于面前的工作，也因此大大提高了工作效率。

在日常生活中，我们根本意识不到，这样一种理想的氛围有多罕见；也意识不到，我们对自己的地位抱有多大的戒备和担忧。但当我们仔细观察，并向自己提出下面这些问题的时候，很快就会发现这一点：在一个团队中要表达自己的想法时，我有什么感觉？我会仅仅关心建议本身和自己，还是会思考别人怎么"看我"？如果一个女生忽然被老师点名回答问题，她感觉怎么样？她能冷静地思考答案，还是害怕说错出洋相？如果父母在一旁陪着孩子写作业，这个孩子感觉怎么样？他会感到安心吗？他有没有想过，如果犯错的话，会得到父母冷酷的目光、听到父母无奈的叹息或愤怒的"不"？他能不能相信，父母会客观而中肯地帮他纠正错误？

有趣的是，恰恰是在困境、失败和挫折中，我们才有机会给别人带来轻松和安全的感觉。

我们为彼此而存在

如果我们必须忍受失败的话，最希望身边有这样的人——支持我们，为了我们一直都在。

为此，我们需要共情的能力。往后退一步，想一想孩子有什么样的想法和感受。比如我们可以思考一下：如果一个孩子在学业上尽管很努力，但总是不能成功，成绩一直不理想，那么这个孩子会有什么感受？

作为成年人，我们往往很难想象这种情况。在这方面，职场真的算是一个让人感觉良好的绿洲。我们可以做那些自己擅长的事情，如果不行，那就换一份新工作。职场反馈一般都是私下进行的，通常正面和负面评价都有。

相比之下，不理想的成绩却是给孩子的一种冷酷无情的反馈。通常全班都知道，哪两三个同学是班上"最差的"。一个有学习障碍的孩子必须一而再再而三地经历那种痛苦——他不会的东西好像正是别人关注的焦点。他必须周而复始地练习算数、阅读或写作，日复一日地忍受尽管努力但仍不能满足要求的挫折感。成年人在这种情况下，可能会反抗、辞职或听天由命，而孩子能怎么办呢？

恰恰在这种情况下，孩子需要老师、父母和同学告诉他：你可能遇到了一些困难，你是我们中的一员，我们喜欢你，会陪在你身边。如果您的孩子沮丧地回到家中，作为父母，您可以首先只关心孩子的感受，一定要控制住想要提建议或谈论考试的冲动。

当一个人感受到强烈的负面情绪，如生气、愤怒、失望或恐惧时，大脑中的一个特定区域——杏仁核就会活跃起来。如果这个区域兴奋起来，大脑中负责理性思考的前额叶皮质里的大脑活动就会减少。

当孩子出现这种情况时，您的任何想法和建议都得不到他的共鸣，您会对牛弹琴，无论谈话对象是一个孩子还是一个成年人。

关于这个问题，有一位母亲给我们讲述了一个奇妙的故事。

她说："我的女儿数学不好，无论做多少练习，总是没有进步。现在我们达成了一致，每天练习十分钟，一旦她有了小小的进步，我们就会为她感到欣喜。另外很重要的一件事，是我们改变了对待考试的态度。如果女儿成绩理想的话，我们就去吃一个胜利冰淇淋。"

"如果成绩不好呢？"，我们想知道。

"那我们就去吃一个安慰冰淇淋。我想让我的女儿明白：如果她成功了，父母会和她一起高兴。如果她失败了，父母会安慰她。"

多么了不起的育儿态度啊！

当孩子失败时，如果父母越能有效地帮助他们，就越能消除他们对失败和错误的恐惧。由此，我们就能给孩子带来一种自信：我可以的，我可以学习，可以进步，可以成功。如果我失败了，我还可以信赖那些一直陪伴着我的人。

这样做，可以增强孩子的心理免疫系统

在此我们想介绍三种适合日常使用的抗压练习。它们可以帮助您和孩子处理生活中的担忧和压力问题。

1. 如果您感到有压力，请把它写下来

如果您在5天内，每天都花15分钟来描述什么事情给您带来了压力，在写作的过程中让自己的情绪和思绪尽情飞扬，会发生什么事情呢？

关于表达性写作的研究对这个问题的回答是：很多！

在多项研究中，这个简单的练习都使得参与者的心情和状态得到大大的改善。此外，研究人员还发现，这个练习产生了很多其他让人难以置信的效果，甚至在写作周结束一年多以后，还能发现，这些参与者的免疫系统得到了增强，也更少去

看医生了。

参加实验的大学生获得了更高的分数，失业者更快地找到了新工作，甚至抑郁和创伤后遗症都能通过写作得到缓解。在写作期间，负面情绪可能会上升，但是正面效应接踵而至。

表达性写作能够有效地加强人对产生压力的事情和情绪的关注，并积极地处理它们。它可以帮助我们找到另外一种应对压力的方法或者结束一段困难的时期。

您可以尝试一下：只需要一支笔、一张纸或者一台电脑。孩子也可以画一幅画。

艾琳·格鲁威尔的例子可以告诉我们，写日记对孩子的生活能够产生怎样的改变。这位年轻的女教师在加利福尼亚州的威尔逊高中工作，她班上的学生都来自社会底层家庭。很多人已经触碰了法律。这些学生的日常生活通常充斥着群体斗殴、枪击和毒品。大多数人都有一个家人由于暴力而死去。艾琳·格鲁威尔主要通过让学生们写日记的方式，帮助他们直面并处理自己的过往创伤。

如果您想鼓励自己和孩子或学生写日记的话，我们建议您读一下这本书《自由作家：一位年轻女教师和150个危险的年轻人如何通过写作改变自己和自己的世界》。不喜欢阅读的人可以欣赏一下由希拉里·斯万克执导的这部小说的电影版。

2.用心理学技巧来应对不必要的担忧

当有些事情确实给我们带来压力时，我们必须要进行恰当的处理。但是日常生活中我们所有人都会庸人自扰，之后不得不承认："我当时不应该那么神经错乱的，我本来不该有那么多胡思乱想的。"

半夜躺在床上，或者当我们筋疲力尽、感到害怕时，就会被一些忧虑所折磨，其实跳出来看，这些事情根本没什么大不了的。但当时总会有一些负面的想法纠缠着我们，"我要是完不成，就会是个彻头彻尾的失败者""为什么事情会发生在我身上？""我受不了了"或者"要是发生了……，我就会……"，其实仔细观察一下，这些担忧中的大部分都被夸大了，且都是些无聊的想法。但是它们会将我们的心力耗尽，让我们在床上辗转反侧，让我们感到无助和绝望。

心情不同，我们对同一个困难情况的思考便完全不同。一旦心情稍微好一些，突然就会发现，我们不像之前感觉的那样孤单、脆弱和无助。一个有效的心理学技巧就是，在情绪的漩涡里把自己的负面想法记录下来，以便之后在一个冷静或积极的时刻，可以对这些想法进行研究。

特别是碰到一再折磨我们和孩子的那些忧虑时，如害怕考试、经济困难、家庭矛盾、工作吃力、外貌焦虑、出现体重及健康问题等，这种做法十分值得尝试。您可以这样做：在卡片上写下那些困扰您和孩子的担忧、自我怀疑或害怕的想法。

每个想法都用一张单独的卡片。比如您的孩子说"没有人喜欢我""我反正就很让人讨厌"时，您可以记录下来。您只需要倾听，不要提出反驳。之后把这些想法写下来。

等到一个轻松的时刻，您和孩子可以把这些小卡片拿出来。每个人抽一张负面情绪卡片，然后围绕卡片上的问题进行讨论。如果确实是个难题的话，您可以思考如何解决。但是通常您会发现，这些想法被夸大了，甚至是错误的。在这种情况下，您可以在卡片背面写上一些反驳的论据。比如正面是"没有人喜欢我"，那么背面可以写上喜欢这个孩子的人的名字，以及孩子可爱的方面。以同样的方式，您也可以对其中一个给您带来压力的想法进行分析并解决。

如果您已经处理了两三个担忧的想法了，那么挑战就来了：您或者孩子抽一张卡片，对方必须尽可能快地提出反对意见。通过这些练习，之后在一些更难的情况下，我们就能够想到这些反驳论据，这样我们的压力和无助感就会大大减弱。

3. 开心地开启新的一天

"你对今天有什么期待？"这个问题能让我们全天都感到愉悦。它帮助我们认识并尽情享受生活中那些点滴的幸福。

它们可能就是些很平凡的事情：和最好的朋友一起上学，上最喜欢的老师的课，晚上收看自己最喜欢的连续剧……特别是当您或孩子面临充满压力或辛苦的一天时，提前想到这些幸福时刻才更有价值。这样可以让我们心情变好，获得更多的能量，以对付那些不愉快的任务。

在进行这些小练习的时候，我们有时也会发现，等待我们的美好时刻太少了，所以需要我们自己添加一些。想一想"如何让今天更美妙"这个问题，可以让充满压力的一天变得更有活力！

致谢

我们不是一个人

从2011年起，我们同瑞士杂志《父母》以及父母基金会开展了良好的合作。

亲爱的埃伦·荣吉尔，您对我们的项目给予充分的信任，并在没有人看好我们的情况下，给我们提供了有力的支持。

亲爱的托马斯·施利肯里德尔，您那么坚持不懈，您就是书中所写的行动者，您的干劲儿让很多事情得以实现。

亲爱的尼克·尼特哈默和伊芙琳·哈特曼，你们为这份杂志注入了新的动力，并给予我们机会，成为这些成功故事的一部分。

亲爱的比安卡·弗里茨，您将这份杂志带到了数字化时代，将所有这些有趣的、有益的内容带到了人们面前，否则他们没有机会看到这些。

亲爱的纳贾·斯托勒，我们通过这份杂志也认识了您。您把兔子、海狸和其他动物的故事（译者注：指作者相应视频中的动物角色，详情请登录www.biber-blog.com查看）带给大家，并使他们生动起来。

总是有人在街上问我们："不好意思，您是那位带着海狸的女士吗？"或者"我是不是在《父母》杂志上见到过您？"

我们的系列影片、调查及主题文章，对我们意义重大——但是没有你们，这所有的一切都无法实现。

特别是这本书。

我们希望你们知道，我们有多感谢你们。

衷心地感谢！

斯蒂芬妮和法比安

参考文献

Albert, M., Hurrelmann, K., & Quenzel,G. (2015). 17. Shell Jugendstudie.Jugend 2015. Online abrufbar unter:https://www.shell.de/ueber-uns/die-shell-jugendstudie/multimediale-inhalte/_jcr_content/par/expandablelist_643445253/expandablesection. stream/1456210165334/d0f5d09f09c6142df03cc804f0fb389c2d39e167115aa86c-57276d240cca4f5f/flyer-zur-shell-jugendstudie-2015-aufdeutsch.pdf.

Antonovsky, A. (1997). *Salutogenese:Zur Entmystifizierung der Gesundheit*. Dgvt-Verlag.

Aron, A., & Aron, E. (1997). Self-expansion motivation and including other in the self. In S. Duck (Ed.), *Handbook of personal relationships* (2nd ed., pp. 251–270). Chichester, UK: Wiley.

Asch, S. E. (1951). Effects of group pressure upon the modification and distortion of judgments. In H. Guetzkow (Ed.), *Groups, leadership and men; research in human relations* (pp.177–190). Oxford, England: Carnegie Press.

Baikie, K. A., & Wilhelm, K. (2005). Emotional and physical health benefits of expressive writing. *Advance in Psychiatric Treatment, 11*, 338–346.

Bandura, A., Grusec, J. E., & Menlove, F. L. (1967). Vicarious extinction of avoidance behavior. *Journal of Applied Social Psychology, 24*, 546–556.

Barnard, L. K., & Curry, J. F. (2011). Self-Compassion: Conceptualizations, Correlates, and Interventions. *Review of General Psychology, 15*, 289–303.

Blackwell, L. S., Trzesniewski, K. H., & Dweck, C. S. (2007). Implicit theories of intelligence predict achievement across an adolescent transition: A longitudinal study and an intervention. *Child development, 78*(1), 246–263.

Blum, H., & Beck, D. (2016). *No Blame Approach – Mobbing-Intervention in der Schule – Praxishandbuch*. Faira end.

Blumer, F. (2018). Michael Winterhoff, war vor dem digitalen Wandel alles besser? Interview mit dem Schweizer Elternmagazin Fritz+Frazi. Online abrufbar unter: https://www.fritzundfraenzi.ch/erziehung/entwicklung/die-verhaltensauffalligkeit-ist-zur-normalitat-geworden?page=all.

Bringolf-Isler, B., Probst-Hensch, N., Kayser, B., & Suggs, S. (2016).Schlussbericht zur SOPHYA Studie. Basel: Swiss TPH.

Brooks, R. & Goldstein, S. (2011). *Das Resilienz-Buch. Wie Eltern ihre Kinder fürs Leben staken.* Klett-Cotta.

Brown, B. (2012). Listening to shame. TED talk. Online abrufbar unter: https://www.ted. com/talks/brene_brown_listening_to_shame.

Brummelman, E., Thomaes, S., Nelemans, S. A., Orobio de Castro, B., & Bushman, B. J. (2014, November). My Child Is God's Gift to Humanity: Development and Validation of the Parental Overvaluation Scale (POS). *Journal of Personality and Social Psychology.* Advance online publication.

Brummelman, E., Thomaes, S., Walton, G. M., Poorthuis, A. M., Overbeek, G., de Castro, B. O., & Bushman, B. J. (2014). Unconditional regard buffers children's negative self-feelings. *Pediatrics, 134*(6), 1119–1126.

Brummelman, E., Nelemans, S. A., Thomaes, S., & Orobio de Castro, B. (2017). When parents' praise inflates, children's self-esteem deflates. *Child Development, 88*, 1799–1809.

Brummelman, E., Crocker, J., & Bushman, B. J. (2016). The praise paradox: When and why praise backfires in children with low self-esteem. *Child Development Perspectives, 10*, 111–115.

Brummelman, E., Thomaes, S., Orobio de Castro, B., Overbeek, G., & Bushman, B. J. (2014). » hat's not just beautiful-that's incredibly beautiful! «: The adverse impact of inflated praise on children with low self-esteem. *Psychological Science, 25*, 728–735. doi:10.1177/0956797613514251.

Brummelman, E., Thomaes, S., Overbeek, G., Orobio de Castro, B., van den Hout, M. A., & Bushman, B. J. (2014). On feeding those hungry for praise: Person praise backfires in children with low self-esteem. *Journal of Experimental Psychology: General, 143*, 9–14.

Bütler Liesch, D. (2009). Tagesschulangebote Leitfaden zur Einführung und Umsetzung der Erziehungsdirektion des Kantons Bern. Online abrufbar unter: https://www.erz.be.ch/ erz/de/index/kindergarten_volksschule/kindergarten_volksschule/schulergaenzende-massnahmen. assetref/dam/documents/ERZ/AKVB/de/10_Tagesschulen/tas_leitfaden_ tagesschulen_d.pdf.

Bundesamt für Statistik (2017). Unbezahlte Arbeit 2016. Online abrufbar unter: https:// www.bfs.admin.ch/bfs/de/home/statistiken/kataloge-datenbanken/medienmitteilungen. assetdetail. 2967878.html.

Carver, C. S., & Scheier, M. F. (2014). Dispositional optimism. *Trends in cognitive sciences, 18*(6), 293–299.

Chopik, W. J. (2017). Associations among relational values, support, health, and wellbeing across the adult lifespan. *Personal relationships, 24*(2), 408–422.

Cimpian, A., Arce. H., Markman, E.M., & Dweck, C. (2007). Subtle linguistic cues affect children's motivation. *Psychological Science, 18*, 314–316.

Credit Suisse (2018). Jugendbarometer 2018. Online verfügbar unter: https://www.credit-suisse.com/jugendbarometer.

Croft, C. D., & Zimmer-Gembeck, M. J. (2014). Friendship conflict, conflict responses, and instability: Unique links to anxious and angry forms of rejection sensitivity. *The Journal of Early Adolescence, 34*(8), 1094–1119.

Coyle, D. (2018). *The Culture Code. The Secrets of Highly Successful Groups.* Ramdom House Business Books.

Cundiff, J. M., & Matthews, K. A. (2018). Friends With Health Benefits: The Long-Term Benefits of Early Peer Social Integration for Blood Pressure and Obesity in Midlife. *Psychological Science, 29*(5), 814–823.

Curran, T., & Hill, A. P. (2017, December 28). Perfectionism Is Increasing Over Time: A MetaAnalysis of Birth Cohort Differences From 1989 to 2016. *Psychological Bulletin.* Advance online publication. http://dx.doi.org/10.1037/bul0000138.

Dearing, R. L., & Tangney, J. P. (2003). *Shame and Guilt.* Guilford Publication.

Deffenbacher, J. L. (1980). Worry and emotionality in test anxiety. In I. G. Saranson (Ed.), Test anxiety: Theory, research, and applications (S. 111–128). Hillsdale, NJ: Erlbaum.

Dotti Sani, G. M. & Treas, J. (2016). Educational Gradients in Parents' Child Care Time across Countries, 1965-2012. *Journal of Marriage and Family, 78*(4), 1083–1096.

Downey, G., Lebolt, A., Rincón, C., & Freitas, A. L. (1998). Rejection sensitivity and children's interpersonal difficulties. *Child development, 69*(4), 1074–1091.

Downey, G., & Feldman, S. (1996). Implications of rejection sensitivity for intimate relationships. *Journal of Personality and Social Psychology, 70*, 1327–1343.

Duhigg, C. (2017). *Smarter, schneller, besser: Warum manche Menschen so viel erledigt bekommen – und andere nicht.* Redline.

Dweck, C. (2007). *Mindset: The new Psychology of Success.* Ballantine books.

Ellrott, T., & Hauck, C. (2017). Was und wie geniebt Deutschland 2017? Online abrufbar unter: http://ernaehrungspsychologie. org/index.php/studie-was-und-wie-geniesst-deutschland.

Elman, N., & Kennedy-Moore, E. (2003). *The Unwritten Rules of Friendship: Simple Strategies to Help Your Child Make Friends.* Little, Brown and Company.

Engels, R. C., Finkenauer, C., & van Kooten, D. C. (2006). Lying behavior, family functioning and adjustment in early adolescence. *Journal of Youth and Adolescence, 35*(6), 949–958.

Ferrari, M., Yap, K., Scott, N., Einstein, D. A., & Ciarrochi, J. (2018). Self-compassion moderates the perfectionism and depression link in both adolescence and adulthood. *PLoS ONE, 2018.* DOI: 10.1371/journal.pone.0192022.

Frankfurter Allgemeine Zeitung (2010). *Ein Junge für eine Million Baume.* Online abrufbar unter: https://www.faz.net/aktuell/beruf-chance/mein-weg/felix-finkbeiner-ein-junge-fuer-eine-million-baeume-1893568.html.

Frankl, V. E. (2003). *Das Leiden am sinnlosen Leben. Psychotherapie für heute.* Freiburg: Herder.

Frohlich-Gildhoff, K. (2016). Der Weg zur inneren Stake. Interview in GEO Wissen, 57, 46–53.

Frohlich-Gildhoff, K., & Ronnau-Bose, M. (2015). *Resilienz.* UTB.

Furman, W., Brown, B. B., & Feiring, C. (1999). *The Developement of Romantic Relationships in Adolescence.* Cambridge University Press.

Glatzle-Rützler, D., & Lergetporer, P. (2015). Lying and age: An experimental study. *Journal of Economic Psychology, 46,* 12–25.

Gervais, J., Tremblay, R. E., & Desmarais-Gervais, L. (2000). Children's persistent lying, gender differences, and disruptive behaviours: A longitudinal perspective, *International Journal of Behavioral Development, 24*(2), 213–221.

Godleski, S. A., Eiden, R. D., Kachadourian, L., & Lucke, J. F. (2018). Etiological Pathways to Rejection Sensitivity in a High-Risk Sample. *Personality and Social Psychology Bulletin,* 0146167218795486.

Gruwell, E. (2008). *The Freedom Writers Diary: How a Teacher and 150 Teens Used Writing to Change Themselves and the World Around Them.* Paw prints.

Gunderson, E. A., Gripshover, S. J., Romero, C., Dweck, C. S., Goldin-Meadow, S., & Levine, S. C. (2013). Parent praise to 1 to 3-year-olds predicts children's motivational frameworks 5 years later. *Child development, 84*(5), 1526–1541.

Hall, C. W., Row, K. A., Wuensch, K. L., & Godley, K. R. (2013). The Role of Self-Compassion in Physical and Psychological Well-Being. *The Journal of Psychology, 147*(4), 311–323.

Hattie, J. (2008). *Lernen sichtbar machen.* Hohengehren: Schneider-Verlag.

Hamlin, J. K., Wynn, K. & Bloom, P. (2007). Social evaluation by preverbal infants. *Nature, 450*, 557–560.

Harlow, R. E., & Cantor, N. (1996). Still participating after all these years: a study of life task participation in later life. *Journal of personality and social psychology, 71*(6), 1235–1249.

Hartl-Kasulke, C., & Revers, A. (2018). *Lebenskunst! Eine Anleitung zur Positiven Psychologie.* Beltz.

Hays, C. & Carver, L. J. (2014). Follow the liar: the effects of adult lies on children's honesty. *Developmental Science, 17*(6), 977–983.

Hellmann, D. F. (2014). Repräsentativbefragung zu Viktimisierungserfahrungen in Deutschland. Forschungsbericht Nr. 122. Online abrufbar unter: https://kfn.de/wp-content/uploads/Forschungsberichte/FB_122.pdf.

Hembree, R. (1988). Correlates, causes, effects, and treatment of test anxiety. *Review of Educational Research, 58*, 47–77.

Holt-Lunstad, J., Smith, T. B., & Layton, J. B. (2010). Social relationships and mortality risk: a meta-analytic review. *PLoS medicine, 7*(7), e1000316.

Holt-Lunstad, J., Smith, T. B., Baker, M., Harris, T., & Stephenson, D. (2015). Loneliness and social isolation as risk factors for mortality: a meta-analytic review. *Perspectives on Psychological Science, 10*(2), 227–237.

Horn, A. B., & Mehl, M. R. (2004). Expressives Schreiben als Copingtechnik: Ein überblick über den Stand der Forschung. *Verhaltenstherapie, 14*, 274–283.

Imlau, N. (2014). *Freundschaft. Wie Kinder sie erleben und Eltern sie starken konnen.* Weinheim und Basel: Beltz.

Institut für Sozialforschung der PROSOZ Herten GmbH PROKIDS (2018). LBS-Kinderbarometer Deutschland 2018. Stimmungen, Trends und Meinungen von Kindern aus Deutschland. Online abrufbar unter: https://www.lbs.de/media/unternehmen/.../LBS-Kinderbarometer_Deutschland_2018.pdf.

Jacobs Foundation (2014). Juvenir 4.0. Zuviel Stress – zuviel Druck! Wie Schweizer Jugendliche mit Stress und Leistungsdruck umgehen. Online abrufbar unter: https://jacobsfoundation. org/publication/juvenir-4-0/.

James, W. (1890). *The Principles of Psychology* (2 vols.). New York: Henry Holt.

Jacques-Hamilton, R., Sun, J., & Smillie, L. D. (2018). Costs and benefits of acting extraverted: A randomized controlled trial. *Journal of Experimental Psychology: General.*

Jenkinson, C. E., Dickens, A. P., Jones, K., Thompson-Coon, J., Taylor, R. S., Rogers, M., … & Richards, S. H. (2013). Is volunteering a public health intervention? A systematic review and meta-analysis of the health and survival of volunteers. *BMC public health, 13*(1), 773.

Johnson, M. K., Beebe, T., Mortimer, J. T., & Snyder, M. (1998). Volunteerism in adolescence: A process perspective. *Journal of Research on Adolescence, 8*(3), 309–332.

Kacewicz, E., Slatcher, R. B., & Pennebaker, J. W. (2007). Expressive Writing: An Alternative to Traditional Methods. In L. L'Abate (ed.), *Low-cost approaches to promote physical and mental health:* Theory, Research and Practice, 271–284. New York: Springer.

Kruger, J., & Dunning, D. (1999). Unskilled and unaware of it. How difficulties in recognizing one's own incompetence lead to inflated self-assessments. *Journal of Personality and Social Psychology, 77*(6), 1121–1134.

Kyeong, L. W. (2013). Self-compassion as a moderator of the relationship between academic burn-out and psychological health in Korean cyber university students. *Personality and Individual Differences, 54*(8), 899–902.

Lambert, N. M., Stillman, T. F., Hicks, J. A., Kamble, S. V., Baumeister, R. F., & Fincham, F. D. (2013). To belong is to matter: sense of belonging enhances meaning in life. *Personality & social psychology bulletin, 39*(11), 1418–1427.

Langer, E., & Rodin, J. (1976). The effects of choice and enhanced personal responsibility for the aged: A field experiment in an institutional setting. *Journal of personality and social psychology, 34,* 191–198.

Latham, M. (2003). Young Volunteers: The Benefits of Community Service. Fact Sheet-03-23, University of Nevada.

Lee, K., Talwar, V., McCarthy, A., Ross, I., Evans, A., & Arruda, C. (2014). Can classic moral stories promote honesty in children? *Psychological Science, 25*(8), 1630–1636.

London, B., Downey, G., Bonica, C., & Paltin, I. (2007). *Social causes and consequences of rejection sensitivity. Journal of Research on Adolescence, 17*(3), 481–506.

López-Pérez, B., & Wilson, E. L. (2015). Parent–child discrepancies in the assessment of children's and adolescents' happiness. *Journal of experimental child psychology, 139,* 249–255.

MacBeth, A., & Gumley, A. (2012). Exploring compassion: A meta-analysis of the association between self-compassion and psychopathology. *Clinical psychology review, 32*(6), 545–552.

Maines, B., & Robinson, G. (1992). *No Blame Approach : A Support Group Method for Dealing with Bullying*. Paul Chapman Educational Publishing.

Marmet, S., Archimi, A., Windlin, B., & Delgrande Jordan, M. (2015). Substanzkonsum bei Schülerinnen und Schülern in der Schweiz im Jahr 2014 und Trend seit 1986 – Resultate der Studie 》 Health Behaviour in Schoolaged Children 《 (HBSC). Online abrufbar unter: https://www.suchtschweiz. ch/fileadmin/user_upload/ DocUpload/Zusammenfassung_HBSC_2014-D.pdf.

McLachlan, J., Zimmer-Gembeck, M. J., & McGregor, L. (2010). Rejection sensitivity in childhood and early adolescence: Peer rejection and protective effects of parents and friends. *Journal of Relationships Research, 1*(1), 31–40.

Moorfoot, N., Leung, R. K., Toumbourou, J. W., & Catalano, R. F. (2015). The longitudinal effects of adolescent volunteering on secondary school completion and adult volunteering. International journal of developmental science, *9*(3, 4), 115–123.

Mueller, C. M., & Dweck, C. S. (1998). Praise for intelligence can undermine children's motivation and performance. *Journal of personality and social psychology, 75*(1), 33.

Neely, M. E., Schallert, D. L., Mohammed, S. S., Roberts, R. M., & Chen, Y. J. (2009). Self-kindness when facing stress: The role of self-compassion, goal regulation, and support in college students' well-being. Motivation and Emotion, *33*(1), 88–97.

Neff, K. (2003). Self-compassion: An alternative conceptualization of a healthy attitude toward oneself. *Self and identity, 2*(2), 85–101.

Neff, K. D., Kirkpatrick, K. L., & Rude, S. S. (2007). Self-compassion and adaptive psychological functioning. *Journal of research in personality, 41*(1), 139–154.

Neff, K. D., & McGehee, P. (2010). Self-compassion and Psychological Resilience Among Adolescents and Young Adults, *Self and Identity, 9*(3), 225–240.

Neubauer, U. (2002). *Soziale und personale Bedingungen von Prüfungsangst*. JKU Linz.

O`Connor, R. (1972). Relative efficacy of modeling, shaping, and the combined procedures for modification of social withdrawal. *Journal of Abnormal Psychology, 79*(3), 327–334.

Oettingen, G. (2017). *Die Psychologie des Gelingens*. Droemer TB.

Pennac, D. (2010). Schulkummer. Ki-Wi-Taschenbuch.

Pennebaker, J. W., & Smith, J. M. (2016). *Opening Up by Writing It Down, Third Edition:*

How Expressive Writing Improves Health and Eases Emotional Pain. The Guilford Press.

Perry, R. P., & Penner, K. S. (1990). Enhancing academic achievement in college students through attributional retraining and instruction. Journal of Educational Psychology, 82(2), 262.

Postmes, T., Wichmann, L. J., van Valkengoed, A. M., & van der Hoef, H. (2019). Social identification and depression: A meta-analysis. European Journal of Social Psychology.

Prati, G., & Pietrantoni, L. (2009). Optimism, social support, and coping strategies as factors contributing to posttraumatic growth: A meta-analysis. Journal of loss and trauma, 14(5), 364–388.

Raboteg-Saric, Z., & Sakic, M. (2014). Relations of parenting styles and friendship quality to self-esteem, life satisfaction and happiness in adolescents. Applied Research in Quality of Life, 9(3), 749–765.

Rasmussen, H. N., Scheier, M. F., & Greenhouse, J. B. (2009). Optimism and physical health: A meta-analytic review. Annals of behavioral medicine, 37(3), 239–256.

Renz-Polster, H. (2016). Menschenkinder. Artgerechte Erziehung – was unser Nachwuchs wirklich braucht. Kosel-Verlag.

Rhue, M. (1997). Die Welle: Bericht über einen Unterrichtsversuch, der zu weit ging. Ravensburger Verlag.

Rosenbach, C. (2013). Rejection Sensitivity Etiological aspects and psychopathological impact. Dissertation, Fachbereich Erziehungswissenschaft und Psychologie der Freien Universitat Berlin. Online abrufbar unter: https://d-nb.info/1051812224/34.

Rosenberg, M. (1965). Society and the adolescent self-image. Princeton University Press.

Samuel, R., Berger, L., Bergman, M. M. (2012 / 2013). Eidgenossische Jugenderhebung 2012/13, Wissenschaftliche Reihe ch-x, Band 24, Lebensstile, Konsum und Zukunfts-perspektiven junger Erwachsener in der Schweiz. Online abrufbar unter: https://chx. mazzehosting.ch/sites/default/files/band_24_web_0.pdf.

Santos, R. M., Zanette, S., Kwok, S. M., Heyman, G. D., & Lee, K. (2017). Exposure to Parenting by Lying in Childhood: Associations with Negative Outcomes in Adulthood. Frontiers in psychology, 8, 1240.

Sbarra, D. A., Smith, H. L., & Mehl, M. R. (2012). When leaving your ex, love yourself: Observational ratings of self-compassion predict the course of emotional recovery following marital separation. Psychological science, 23(3), 261–269.

Schulz, R., & Hanusa, B. H. (1978). Long-term effects of control and predictability-enhancing interventions: Findings and ethical issues. *Journal of personality and social psychology, 36*(11), 1194.

Seipp, B. (1991). Anxiety and academic performance: A meta-analysis of findings. *Anxiety Research, 4,* 27-41.

Seligman, M. (2015). *Wie wir aufblühen. Die fünf Saulen des personlichen Wohlbefindens.* Golmann.

Smith, C. E., & Rizzo, M. T. (2017). Children's confession-and lying-related emotion expectancies: Developmental differences and connections to parent-reported confession behavior. *Journal of experimental child psychology, 156,* 113–128.

Spitzer, N. (2016). *Perfektionismus und seine vielfaltigen psychischen Folgen. Ein Leitfaden für Psychotherapie und Beratung.* Berlin, Heidelberg: Springer.

Spiegel online (2018). *Emil und die nervigen Smartphones.* Online abrufbar unter: https://www.spiegel. de/lebenundlernen/schule/hamburg-emil-macht-kinder-demo-gegen-nervige-smartphones-a-1226876.html.

Stamm, M. (2016). Vater. Wer sie sind. Was sie tun. Wie sie wirken. Dossier 16/1. Online abrufbar unter: http://margritstamm.ch/images/Dossier%20Vaeter%20Januar%202016.pdf.

Stamm, M. (2017). *Lasst die Kinder los. Warum entspannte Erziehung lebenstüchtig macht.* Piper-Verlag.

Talwar, V., Lavoie, J., Gomez-Garibello, C., & Crossman, A. M. (2017). Influence of social factors on the relation between lie-telling and children's cognitive abilities. *Journal of experimental child psychology, 159,* 185–198.

Terry, M. L., & Leary, M. R. (2011). Self-compassion, self-regulation, and health. *Self and Identity, 10*(3), 352–362.

Terry, M. L., Leary, M. R., & Mehta, S. (2013). Self-compassion as a buffer against homesickness, depression, and dissatisfaction in the transition to college. *Self and Identity, 12*(3), 278–290.

Tracy, B. (2016). *Das Maximum-Prinzip.* Campus Verlag.

Thunberg, G. (2018). *Greta Thunberg full speech at UN Climate Change COP24 Conference.* Online abrufbar unter: https://www.youtube.com/watch?v=VFkQSGyeCWg.

Uggen, C., & Janikula, J. (1999). Volunteerism and arrest in the transition to adulthood. *Social Forces, 78*(1), 331–362.

Unicef (2007). Child poverty in perspective: An overview of child wellbeing in rich countries.

Van Willigen, M. (2000). Differential Benefits of Volunteering Across the Life Course. *The Journals of Gerontology: Series B, 55*(5), 308–318.

Watzlawick, P., Beavin, J. H., & Jackson, D. D. (1969). *Menschliche Kommunikation*. Bern, Stuttgart, Wien: Huber.

Way, B. M., Taylor, S. E., & Eisenberger, N. I. (2009). Variation in the μ-opioid receptor gene (OPRM1) is associated with dispositional and neural sensitivity to social rejection. *Proceedings of the National Academy of Sciences, 106*(35), 15079–15084.

Werner, E. & Smith, R. (1992). *Overcoming the Odds*. Cornell University Press.

Wilhelm, P. (2004). *Empathie im Alltag von Paaren. Akkuratheit und Projektion bei der Einschatzung des Befindens des Partners*. Hans Huber.

Wilson, J. (2000). Volunteering. *Annual Review of Sociology, 26*, 215–240.

Winfrey, O. (2012). Oprah's Gratitude Journal. Video online abrufbar unter: http://www.oprah.com/oprahs-lifeclass/oprah-on-the-importance-of-her-gratitude-journal-video.

Wustmann, C. (2004). *Resilienz: Widerstandsfahigkeit von Kindern in Tageseinrichtungen fordern*. Beltz.

Yarnell, L. M., & Neff, K. D. (2013). Self-compassion, Interpersonal Conflict Resolutions, and Well-being. *Self and Identity, 12*(2), 146–159.

Zaff, J. F., Moore, K. A., Romano Papillo, A., & Williams, S. (2003). Implications of extracurricular activity participation during adolescence on positive outcomes. *Journal of Adolescent Research, 18*, 599–630.

Zak, P. (2013). How Stories Change the Brain. Online abrufbar unter : https://greatergood.berkeley.edu/article/item/how_stories_change_brain.

Zentall, S. R., & Morris, B. J. (2010). » Good job, you're so smart «: The effects of inconsistency of praise type on young children's motivation. *Journal of Experimental Child Psychology, 107*(2), 155–163.

Zhao, L., Heyman, G. D., Chen, L., & Lee, K. (2017). Praising young children for being smart promotes cheating. *Psychological science, 28*(12), 1868–1870.

Ziegler, H. (2015). Stress-Studie 2015: Burn-Out im Kinderzimmer: Wie gestresst sind Kinder und Jugendliche in Deutschland? Online abrufbar unter: https://xn--kinderfrderung-1pb.bepanthen.de/static/documents/03_Abstract_Ziegler.pdf.